쏘쿨의 수도권 천기누설
꼬마아파트

쏘쿨의 수도권 꼬마아파트

천기누설

쏘쿨 지음

국일 증권경제연구소

프롤로그

원하는 물건은 모두 가졌는데
집만 없다

　예전에는 결혼해서 가족을 이루면 집을 장만하는 게 당연했다. 아끼고 저축하고 알뜰하게 모아서 집 한 칸 마련하는 일이 온 가족의 소망이던 시절이 있었다. 수년간 꾸준히 저축하고 모아서 내 집을 마련하면 성실한 가장으로 대우받으며 친척과 친구들의 칭송을 받던 때였다. 내 집 마련은 가족의 행복을 보장해주는 꿈이었다.

　그런데 세월이 변했나 보다. 인스타그램에 해외여행 다니며 찍은 셀카 사진을 올리고 SNS에 맛집 여행, 신상 명품 백 사진을 올리는 일이 일상이 됐다. 실속보다 겉멋이 중요하다느니, 부자인 척하느라 가난해진다느니 하는 말도 종종 들린다. 내 집 마련에 인생을 낭비하기보다는 차라리 현재를 즐기는 데 더 집중한다는 것이다.

　하지만 과연 언제까지 현재를 즐길 수 있을까? 멋진 자동차를 구입하고 해외여행을 다니며 면세점 쇼핑에 돈을 펑펑 쓰는 사람들, 하지만 정작 이들에게는 자기 집이 없다. 이들이 만약 내 조카거나 지인들이라면……. 걱정을 넘어 노파심마저 든다. 20년 후 그들의 장래가 밝게 보이지만은 않기 때문이다. 멋진 자동차와 해외여행, 명품 가방이 가족의 미래와 바꿀 정도로 소중한 것일까?

젊었을 때는 자기 집이 없어도 봐줄 만하다. 그러나 나이 들어서까지 남의 집에서 산다면 이야기는 달라진다. 이에 대해 진지하게 생각해본 적이 있는가. 우리는 이미 은퇴 행렬에 들어선 앞선 세대에 관심을 가져야 한다. 그들의 고민이 곧 우리의 고민이 될 테니까 말이다. 내 집 한 칸 없는 이들에게 닥쳐올 미래는 혹독할 것이다. 당신은 과연 준비되었는가? 다음 두 가지 플랜을 살펴보자.

플랜 A - 종잣돈을 짧게 모은 후, 대출을 최대화해서 '지금' 집을 산다.
플랜 B - 종잣돈을 오랜 기간 많이 모은 후, 대출을 최소화해서 '나중에' 집을 산다.

현재 전세로 살고 있다면 당신은 벌써 플랜 B를 선택한 것이다. 집을 사본 적이 없는 사람들은 대부분 플랜 B를 선택한다. 하지만 한 번이라도 집을 샀던 경험이 있는 사람은 플랜 A를 선택한다. 그리고 세계 경제와 금리에 관심이 있다면 플랜 A가 더 효율적이란 걸 알 것이다.

일정 기간 저축했다면 내 집을 마련하기 위해 행동으로 옮겨야 한다. 그렇지 않으면 치솟는 인플레이션을 따라갈 수 없다. 현재 전 세계적으로 저금리 상태다. 일부 선진국은 마이너스 금리까지 시행하고 있다. 저금리 때는 최대한 은행자금을 이용해야 한다. 이때는 재테크를 잘하는 사람과 그렇지 않은 사람의 자산 차이가 급격하게 벌어지는 시기다. 결과적으로 중산층은 줄어들고 상류층과 하류층으로 나뉠 것이며 자신의 선택에 따라 가족의 운명도 바뀔 것이다.

플랜은 머리로만 세우는 것이 아니다. 오랜 기간에 걸쳐 저축하고, 대출금은 최대한 적게 하여 나중에 집을 사는 것보다 집부터 먼저 사고, 대출을 조금씩 갚아나가는 전략이 늘 승리했다. 지금이라도 플랜을 바꿔라.

준비된 자가 기회를 잡는다

2008년 금융위기 이후 서울 수도권 집값은 5년간 하락했다. 그 당시 5년간 폭락의 공포를 겪은 삼촌 세대들은 집을 사지 말라고 지금도 주변 사람들을 말리고 다닌다. 자라 보고 놀란 가슴 솥뚜껑 보고 놀란다고 했던가. 자신이 샀던 서울 수도권 아파트가 수천만 원에서 수억 원까지 눈앞에서 하락한 것을 보았던 세대라 자신의 공포를 주변 사람들에게 전염시키고 다니는 것이다.

서울 수도권 집값은 정확히 지금부터 10년 전인 2006년 가을부터 폭등했다. 2006년 가을에는 소형 아파트도 매달 1,000만 원씩 집값이 상승했다. 아파트 가격은 치솟았고 2007년까지 폭등이 이어졌다. 서울 수도권에는 1~2억씩 오른 아파트가 허다했다. 당시 건설사들은 기회를 잡고 높은 분양가격으로 신규 아파트를 대규모로 분양했다. 사람들은 그 신규 아파트들을 무조건 분양받았다.

문제는 그 아파트들이 수요가 없는 경기도, 인천의 외곽에 주로 지어졌다는 것이다. 미분양과 가격 폭락 사태가 줄줄이 이어졌다. 충격은 컸다. 서울 수도권 중심지역까지 영향을 미쳤고 이어 2008년 금융위기가 터졌다. 사람들은 공포에 휩싸였다. 모델하우스에 줄 서서 분양을 받던 사람들이 사라졌고 기존 아파트를 사려고 부동산에서 대기표를 끊던 사람들도 썰물처럼 빠졌다. 서울 수도권 집값 하락이 시작된 것이다.

하지만 2008년 이후 서울 수도권 집값 하락기에도 가격이 상승한 아파트도 있었다. 분당과 평촌처럼 꼬마 아파트 공급이 없거나 저평가된 지역은 오히려 가격이 상승했다. 안목이 있는 사람들은 이런 지역의 꼬마 아파트를 공략했다. '전쟁 통에 부자 난다'는 말이 있다. 서울 수도권 부동산 시장에서 2008년 금융위기는 '위기라는 이름으로 다가오는 기회'였던 셈이다.

앞으로도 이런 기회는 다른 모습으로 계속 다가올 것이다. 시장이 바닥일 때, 대중이 공포에 물들어 있을 때 결코 흔들리지 마라. 자신의 안목을 믿고 결단을 내릴 타이밍을 기다려라. 기회는 반드시 온다. 미리 준비된 사람만이 기회를 잡을 수 있다. 그러니 우리가 두 발로 디디고 서 있는 주변부터 둘러보자. 내 집 마련부터 차분히 공부해나가면 된다.

처음부터 좋은 가격, 좋은 집을 사자

나는 10년 전부터 서울 수도권에 집을 사려는 분들에게 많은 조언을 해왔다. 매년 내 집 마련을 하려는 수백 쌍의 커플을 위해 상담한 건수를 아파트 매매가격으로 따지면 수백 억 원쯤 될 것이다. 그러나 수십 억 원의 아파트를 살 때나 1억대 꼬마 아파트를 살 때나 기본 원칙은 같다. 아파트의 본질적인 가치를 보고 그 본질적인 가치보다 싸게 사는 것이다. 다행스럽게도 지금까지 내 추천을 받은 이들의 집은 가격이 상승했다. 조금 오른 집도 있고 많이 오른 집도 있지만, 집값을 떠나서 그들은 늘 두 가지를 고마워했다.

"2년마다 이사할 걱정 없이 편히 살 수 있는 내 집을 마련하게 해줘서 고마워요."
"경제 돌아가는 원리와 세상 돌아가는 원리를 배울 수 있어서 감사합니다."

이들의 말에는 진심이 담겨 있었다. 살고 있는 집의 가격이 상승했다는 것보다 이 두 가지가 사람들의 삶에서는 정말로 더 중요했기 때문이다. 2년마다 전세금을 몇천만 원씩 올려주거나 이사할 집을 찾아 떠돌아다니지 않고 내 집에서 편안하게 살 수 있으니 생활이 안정되고 마음이 여유로워진다.
더불어 내 집 마련을 하는 과정에서 경제공부를 제대로 하게 된다. 담보대출을 처음 해보고, 금리를 공부하고, 경제뉴스에 관심을 가진다. 개인 신용을 처음 접하면서 신용이 돈이 될 수 있다는 걸 배운다. 경제의 중요성도 깨우친다. 내 집을 마련하기 위해 공부하고 준비하는 과정은 단지 시멘트 덩어리 하나를 소유하기 위해서가 아니다. 삶의 질을 높이고 가족의 행복을 지키는 일이다.

그렇기에 지인과 그 가족들이 행복하게 살 집을 구해주었다는 사실에 나는 자부심을 느낀다. 집은 삶이며 평생 마주해야 하는 이야기라고 믿기 때문이다. 지금도 살고 있는 자신의 집 이야기를 할 때면 행복하게 활짝 웃는 그들의 얼굴이 떠올라 가슴이 따뜻해진다.

16년 동안 서울 수도권 현장 곳곳으로 수천 번의 현장조사를 다녔다. 나는 이 책에 직접 부딪히고 깨지면서 배운 노하우를 전부 쏟아부었다. 내가 찾아낸 방법들을 '내 집 마련을 위한 안전 도로'라고 부르고 싶다. 이 길을 따라가라. 먼저 내 집을 마련한 사람으로서 서울, 수도권에서 보금자리를 마련하는 바른길을 알려주고 싶다.

이 책의 목적은 오직 하나다. 당신이 행복하게 살아갈 자신의 집을 구하는 데 이 책을 나침반으로 삼아 나처럼 오랜 시간 헤매지 않고 처음부터 좋은 집을 '좋은 가격'에 사도록 돕는 것이다. 남 눈치 보지 않고 편안하게 살 수 있는 집, 2년마다 이사 다닐 걱정을 하지 않고, 전·월세금 걱정 없이 두 발 뻗고 쉴 수 있는 집을 소망하는 모든 분의 꿈이 이루어지길! 이런 진심이 전해진다면 더 바랄 것이 없겠다.

오늘도 서울 수도권 곳곳을 누비는 쏘쿨

프롤로그 4

1장 내 집을 꼭 사야 하는 이유

01 | 월세에서 전세로만 옮겨도 성공이다? 16
02 | 내 집이 아니면 언젠가는 떠나야 한다 22
03 | 인생을 통째로 바꾸는 내 집 26

2장 꼬마 아파트로 시작하라

04 | 젊을 때 구입한 꼬마 아파트가 인생을 바꾼다 34
05 | 잘 산 꼬마 아파트 하나, 열 빌라 부럽지 않다 42
06 | 내 집 마련을 위한 황금 법칙 3가지 : 저축하고 매수하고 갈아타라 47
07 | 생애 첫 번째 내 집, 콕 집어 찾는 법 54

3장 서울 수도권 완전정복

08 | 서울 수도권을 공략해야 하는 이유 70
09 | 서울 수도권 수요, 언제나 맑음 76
10 | 지도로 서울 수도권 한눈에 파악하기 81
11 | 도넛 공식 : 전철 2호선과 서울 외곽순환 고속도로 86

4장 서울 수도권 꼬마 아파트 핵심지역

12 | 여전히 뜨거운 도시, 서울 94
13 | 접근성과 거주성 둘 다 잡은 경기도 115
14 | 서쪽의 보석, 인천 136

5장 내 집 마련 마인드맵 만들기

15 | 구체적인 전략을 시각화하라 146
16 | 시세 지도를 만들어라 151

6장 실전으로 익히는 내 집 마련 노하우

- 17 │ 내 집 마련을 하면서 배우는 경제 이야기 160
- 18 │ 돈을 시각화하라(자금계획 엑셀표) 168
- 19 │ 내 집 마련을 하면서 만나는 사람들과 그 이야기들(모아모아 프로젝트) 176
- 20 │ 부동산 전문가는 태어나는 것이 아니라 만들어지는것이다 195
- 21 │ 초보자가 반드시 피해야 할 4가지 199

7장 내 아파트 속속들이 알아보기

- 22 │ 면적이 뭐길래 208
- 23 │ 아파트 구조도 이해하기 214
- 24 │ 아파트 안팎 꼼꼼히 살피기 219
- 25 │ 주변 환경 체크 228
- 26 │ 집의 가치를 끌어올리는 리모델링 231

8장 쏘쿨의 내 집 마련 고민 상담소

27 | 인구가 감소한다는데 괜찮을까요? 238
28 | 주택 보급률이 100%를 넘었다는데 굳이 집을 사야 하나요? 242
29 | 집값이 너무 비현실적인 것 아닌가요? 244
30 | 대출 금리가 상승하면 어떡하나요? 249
31 | 집값이 하락하면 어떡하나요? 251
32 | 새 아파트 가격만 오른다는데요? 255
33 | 전세 보증금은 안전한가요? 261
34 | 가격이 하락하지 않는 집도 있나요? 264
35 | 집을 사기에 좋은 시기는 언제인가요? 266

에필로그 268

내 집을 꼭 사야 하는 이유

월세에서 전세로만 옮겨도 성공이다?

01

"나, 며칠 전에 물에 빠져 죽을 뻔했어. 그것도 집에서."

사회 초년생 때 일이다. 혼자 자취 생활을 하는 친구가 뜬금없이 말했다. 무슨 소리냐고 했더니 얼마 전 장마 때 반지하(지금은 지층이라고 한다. 지하라는 말에 거부감을 느껴서인지도 모른다) 방이 물에 잠겼다는 것이다.

"일어나 보니 물이 침대 바로 밑까지 찼더라고."

내가 부모였다면 "당장 방 빼!"라고 호통을 쳤을 것이다. 지방에서 서울로 직장을 구해 오면서 살 집을 구했는데 하필이면 그게 지금 사는 그 집이었다. 나도 친구가 집을 구하러 다닐 때 몇 번 따라갔었다. 월급 대부분을 저축하려고 마음먹었기에 쓸 수 있는 돈은 한정되어 있었다. 생활비가 빠듯하니 싼 집만 볼 수밖에 없었다. 그러다 다가구 주택의 반지하 방을 월세로 계약한 것이다.

세상에 이런 집도 있다니. 반지하 방을 처음 봤을 때 내 눈을 의심했다. 창문은 허술해서 제대로 닫히지도 않고 벽 한쪽에는 거무스름한 곰팡이까지 슬어 있었다. 물론 햇빛도 제대로 들지 않았다. 이런 데서 어떻게 사느냐는 둘째 치더라도 이런 집을 제대로 손도 보지 않은 채 세를 놓는 주인이 있다는 사실이 더 놀라웠다. 자기 자식이라면 이런 데서 살게 내버려둘까 싶었다.

"다른 데 보러 가자. 집에 비해 월세가 터무니없잖아."

"여기만큼 싼 데가 또 있겠어? 열심히 저축해서 더 좋은 데로 옮기면 되지."

"그래도 여긴 좀 아니다."

"괜찮아. 이만하면 괜찮은데 뭘. 불편해야 더 열심히 저축해서 여기서 나가고 싶다는 생각이 들지."

우리 둘이 말하고 있는 걸 옆에서 듣던 부동산 사장이 얼른 친구를 거들었다.

"젊은 친구가 생각 한번 바르네. 잘 봤어. 여기만 한 데도 없어. 주인도 이 동네 오래 살아서 내가 잘 아는데, 사람이 좋아. 오전에도 두 사람 보고 갔는데 젊은이가 온다고 해서 내가 일부러 계약을 미룬 거야. 망설이다가 좋은 집 놓친다구."

부동산 사장님 눈에는 친구가 '봉'이었을지도 모른다. 젊은 남자 둘이 와서 어리벙벙한 모습으로 집을 찾으니 잘 나가기 어려운 반지하 방을 얼른 해치우고 싶었을 것이다. 부동산의 '부' 자도 모르기는 나나 친구나 마찬가지였지만 내 눈엔 그 집이 영 아니다 싶었다. 어떻게 그런 집을 그 가격에 내놓을 수 있는지, 세상 물정을 내가 잘 모르는 것인지, 혼란스러웠다.

부동산 사장의 부추김 때문이었는지 친구는 그날 바로 계약서를 썼다. 계약서까지 쓴 마당에 더 이상 말을 하면 기분만 상할 것 같아 입을 다물었지만, 기분이 찜찜했다. 이런 집을 세를 놓는 '좋은 주인'이 어떤 사람인지 영 상상이 되지 않았다.

더 열심히 저축해서 좋은 집으로 가겠노라고 친구는 호기롭게 말했지만, 서울의 현실은 호락호락하지 않았다. 기본적으로 쓸 수 있는 생활비의 반이 월세로 나가는데 알뜰살뜰은 먼 나라 이야기였다.

친구의 빌라 반지하 방은 겨울에는 허연 입김이 났고, 여름에는 한증막이었다. 그 집에서는 여름과 겨울을 극과 극으로 체험할 수 있었다. 햇빛이 잘 들지 않아 장마철이면 습기 때문에 옷은 물론 이불까지 늘 눅눅하고 냄새도 났다. 그 집에 놀러 갈 때마다 비싼 월세를 내며 살아야 하는 집이란 무엇인지 생각했다. 지금 돌이켜보면 그 친구 덕분에 집에 대해 처음으로 생각하게 되었는지도 모르겠다.

그 시절 나는 경기도 고양시에서 부모님과 함께 살았다. 당시 '살 집을 구한다는 것'은 내 일이 아니라고 생각했다. 그래서 집을 보는 현실 감각이 거의 없었다. 그저 비싼 월세에 비해 터무니없이 나쁜 집에 사는 친구를 보며 이렇게 살지는 말자고 생각했을 뿐이었다.

그 후 결혼을 준비하는 동료들이 전셋집을 구하러 다니는 것을 보며 또 하나 새로운 사실을 알게 되었다. 전셋값은 월세와 비교조차 할 수 없을 정도로 비쌌다. 돈이 없으면 월세로 살 수밖에 없었다. 몇억이나 하는 전셋집을 가진 이들이 어마어마한 부자처럼 보였다. 감히 집을 사서 한 가정을 꾸린다는 것은 상상을 초월하는 일이었다.

비싼 월세로 서울 생활을 시작했던 친구는 그 후 여러 번의 시행착오를 거쳐 집을 보는 눈을 점점 키워갔다. 직장 생활 3년 만에 월세에서 전세로 옮긴 친구가 능력자처럼 보였다. 그는 전셋집 구하는 요령을 잘 알고 있었다. 반면 집에 관한 나의 지식은 여전히 제자리걸음이었다. 어떻게 전셋집을 구했냐고 묻자 친구는 술자리에서 신이 나서 떠들었다.

"우선 등기부 등본을 떼서 대출이 있는지 알아봐야 해. 햇빛이 잘 드는지, 소음은 어느 정도인지도 꼭 확인하고. 1년 안에 차를 살지도 모르니까 주차장 있는 곳으로 골랐지. 내가 구한 곳은 다행히 관리비가 없어. 보통 관리비가 월 5만 원이니 1년에 60만 원 번 셈이지."

친구는 자랑스럽게 말했고, 나는 친구를 우러러보았다. 그러다 문득 궁금해졌다.

"그럼 전세 말고 집 살 때는 뭘 주의해야 해?"

그러자 친구는 나를 한심하다는 듯이 쳐다봤다.

"너 설마 집을 살 거야? 얘가 뭘 모르는 소리 하네. 앞으로 인구는 감소하고 집값이 언제 하락할지 모르는데 왜 집을 사냐. 갖고 있어 봐야 세금만 많이 내지. 전세가 여러모로 편해."

친구는 집값이 내려갈 위험에 대해서 구구절절 늘어놓았다. 세입자로서 좋은 방을 구하는 방법은 줄줄 꿰고 있었지만 정작 미래의 '내 집'에 대한 꿈은 없었다. 거기까지가 집에 대한 친구의 한계였던 셈이다.

"서울에서 내 집 마련? 한 달에 200만 원을 십 년 동안 꼬박 모아서

2억 4,000만 원을 만들었다 치자. 몇 평을 사려고? 집값은 가만히 있냐?"

친구 말이 틀린 것은 아니었다. 나도 집을 사는 것이 당장 할 일은 아니라고 생각했다. 집은 너무 비싸고 부동산 관련 서류는 모두 알아들을 수 없는 외계어처럼 쓰여 있었다.

'왜 어른들은 이런 복잡한 서류와 시멘트 덩어리가 마치 지상 최대의 목표인 것처럼 살까?'

집에 목숨 건 듯 보이는 어른들이 답답했다. 정말로 집이 필요할 때가 되면 '마법의 통장'이 나를 멋진 새 아파트로 인도해줄 것이라고 믿었다. 정부에서 국민을 위해 집을 만들어줄 예정(?)인 청약통장이 있지 않은가. 월급 나오는 주 거래 은행에 가서 청약통장에 가입했으니 걱정이 없었다.

'1순위, 2순위? 청약통장 가입한 순서대로 새 아파트를 주는 거군.'

나는 그렇게 생각했다. 정말이지 아무것도 모르던 시절이었다. 이 책을 읽는 당신도 마찬가지일 것이다. '내가 살 집을 구하는 것'에 대해 제대로 배워본 적이 없다면 그저 주변 사람들의 한두 마디 조언만 듣고 집을 구해야 하는 막막한 순간이 닥칠 것이다. 어디서부터 내 집을 알아봐야 할지 감도 잡히지 않을 테니까.

직장 생활을 위해 독립하거나 결혼하면서 처음 살 집을 구하는 경우가 많다. 부모님 손 붙잡고 집을 구하러 다니는 20~30대 신혼부부를 요즘에도 부동산에서 종종 본다. 자기 기준이 없고 경험도 없으니 어른의 도움을 받는 건 좋지만, 왠지 '어른아이' 같은 느낌이 들 때가 있다.

우리나라 교육에는 '좋은 집을 구하는 방법'이라든가, '신용카드를 잘 사용하는 법' 같은 살아 있는 경제 교육이 전혀 없다. 그래서인지 다 큰 어른이 자기 집 하나 구하지 못해서 어린애처럼 부모님 손을 붙잡고 다닌다. 언제까지 부모님을 따라 집을 구하러 다닐 것인가? 집을 더 넓혀 이사할 때는 어떻게 할 것인가? 그때도 늙으신 부모님 손잡고 또 어린애처럼 같이 다닐 것인가?

어른이라면, 내가 살 집은 내가 구할 줄 알아야 한다. 수억 원짜리 집을 사기 위해 나 혼자 결정해야 하는 외로운 순간이 온다. 전·월세를 구하러 다니는 것 또한 크게 다르지 않다. 전 재산이 걸린 내 집 마련 선택의 순간에 공부가 되어 있지 않으면 실수를 하는 것은 불을 보듯 뻔하다. 크고 작은 실수에는 회복할 시간과 노력이 따르기 마련이다. 세상에 공짜는 없다. 항상 대가를 치러야 한다. 차이가 있다면, 일을 저지르기 전에 대가를 치르느냐, 저지르고 나서 대가를 치르느냐 하는 것뿐이다. 그래서 제대로 된 공부가 필요하다.

인생에는 언제나 처음이 있기 마련이다. 내 집 마련도 이와 같다. 그렇다면 나에게 맞는 좋은 집을 고르는 방법은 무엇일까? 돈이 많이 드는 내 집 마련을 위해서는 예행연습도 해보고 성공적으로 내 집 마련한 사람들의 이야기도 듣는 것이 좋다. 지금부터 내 집 마련을 위한 본격적인 공부를 시작해보자.

내 집이 아니면 언젠가는 떠나야 한다   02

나는 결혼을 준비하며 집에 대해 조언을 구하는 젊은이들에게 상담 요청을 많이 받는 편이다. 대개는 부모님이 주신 돈에 자신이 모은 돈을 합쳐 전셋집을 구한다는 이들이 많다. 부족한 돈은 전세 자금 대출을 받는다. 나는 신혼집으로 전세를 선택하려는 이들에게 내 집 마련을 추천한다.

"왜 전세를 선택했어요?"

"다들 그러잖아요. 월세가 아니라 전세에서 시작하는 게 어딘데요."

당연한 걸 왜 묻느냐는 대답이다. 그리고 이렇게 덧붙인다.

"전세금까진 어떻게 구했는데 집 살 돈은 없어요."

나도 집을 사기 전에는 그랬다. '어떻게 전세금으로 집을 사지?' 그러나 부동산을 공부할수록 나의 편협한 사고에 혀를 내두를 때가 한두 번이 아니었다. 전세금으로 왜 집을 못 산다고 생각하는가? 사고도 남는다.

서울연구원이 내놓은 한 자료에 '서울 신혼부부의 주거 실태'가 나와 있다. 2014년 서울에서 결혼한 5년 이하 부부 612가구를 조사한 결과, 거주 주택 점유 형태는 전세가 63.5%를 차지했다. 이어 자가 21.4%, 무상(부모님 댁·사택·관사 등) 8.1%, 월세(반전세 포함) 7% 순으로 나타났다. 서울 시민의 절반 이상이 전세나 월세 주택에 살고 있는 것이다.

그리고 서울 신혼부부 다섯 커플 중 세 커플은 전세금 상승 시 인상 요구 수준을 보고 계속 거주할지 판단하겠다고 밝혔다. 놀라운 점은 상승 수용 가능 금액이 1,000~2,000만 원이 31.4%, 2,000~3,000만 원 28.4%, 3,000~5,000만 원 26.4%로 나타났다는 것이다. 보증금 인상 시 24.1%는 금액과 상관없이 다른 전세로 이사하겠다고 답했다.

놀랍지 않은가? 어떻게 전세금으로 5,000만 원을 올려줄 생각을 할 수 있는지, 내 상식으로는 도저히 이해할 수 없다. 아마도 전세 세입자 중에는 금수저 부자가 있나 보다. 믿을 수 없겠지만 이게 현실이다. 심지어 전세금으로 1억 원이 넘는 돈을 올려준 세입자도 봤다. 서울에서는 흔한 일이다. 당신이라면 전세금으로 얼마를 올려줄 수 있겠는가? 이런 질문에 생각해본 적이 있는가?

"만약 3년 전 당신이 전세를 선택하지 않고 집을 샀다면 지금은 어떤 삶을 살고 있을까?"

왜 꼭 전세에서 신혼을 시작해야 한다고 생각하는가? 2년마다 전세금이 물가 상승률 이상으로 오른다. 인구가 과밀 지역인 서울 수도권 지역은 그 상황이 지방보다 좀 더 심각하다. 2년마다 전세금이 수천만 원씩 폭등하고 있으니, '미친 전세금'이란 말이 맞다. 온갖 정성을 들여 신혼집을 꾸몄더라도 2년 후에 당신은 그 집을 나와야 한다. 물론 떠나지 않을 방법도 있다. 전세금을 올려주면 된다. 2년에 한 번씩, 그것도 수천만 원씩.

가까운 지인이 1억 5,000만 원 전세에 살고 있었다. 2년마다 2,000만 원씩 올려주었으니 4년 동안 4,000만 원을 올려준 셈이다. 그 집의 매매가는 1억 8,000만 원이었다. 돈을 조금 보태서 집을 살 만도 한데, 그의 선택은 그렇지 않았다. 그는 계약 기간이 만료된 후 자기 집을 선택하는 대신 평수가 조금 더 넓은 또 다른 전세를 선택했다. 그리고 전세 세입자의 길로 다시 들어섰다.

세입자들은 엄청난 일벌레임이 틀림없다. 게다가 그들은 보통 이상의 성실함과 근면함까지 지니고 있다고 믿는다. 그렇지 않고서야 매번 다가오는 수천만 원의 전세금 상승분을 어떻게 맞추겠는가. 그들에게 존경의 박수를 보낸다.

그러나 나는 한편으로 그들의 성실함을 진심으로 걱정한다. 그렇게 밤낮 가리지 않고 일했는데 오른 전세금을 맞추지 못하면 어떻게 되는가? 살던 집에서 쫓. 겨. 난. 다. 그다음부터는 악순환의 연속이다. 중심가에서 변두리로 계속해서 밀려나는 것은 순간이다. 경제 논리가 그렇듯이 조금의 융통성도 없이 가차 없이 일어나는 일이다. 세입자들의 성실함이 절망감으로 바뀌는 순간이다.

아침에 일찍 일어난 새가 먹이도 더 빨리 잡는다고 한다. 먹이가 정해져 있다면 빨리 움직이는 것이 유리하다. 문제는 상황 판단인데, 아무리 빨리 움직이는 것이 유리하더라도 섣부른 판단은 금물이다. 왜냐하면 아침에 일찍 일어난 새가 더 빨리 잡혀 먹힐 수도 있기 때문이다.

그러면 어떻게 해야 할까? 내 선택이 맞다는 것을 어떻게 알까? 다시 한 번 강조하지만 스스로 찾아야 한다. 비싸고 질 나쁜 집에 속지 말고, 싸고 좋으면서도 나에게 딱 맞는 집을 선택하려면 집에 대해 여러 방면으로 공부하는 수밖에 없다. 지도 보기, 집 구조도 익히기, 부동산 용어 알기 등……. 처음부터 집에 대해 꼼꼼하게 공부를 해둬야 내 집을 '똑' 소리 나게 살 수 있다.

'내 집 사긴 사야 하는데…….'

조금이라도 이런 마음이 들었다면 망설이지 마라. 지금이 바로 집 공부를 시작해야 할 때다. 아무리 열심히 일하고 허리띠를 졸라매도 폭등하는 전세금을 맞추지 못하는 날이 올 수도 있다. 내 주변에도 오른 전세금을 맞추지 못해 살던 집을 떠난 이들이 많다. 쫓겨날 걱정 없이 마음 편히 살 수 있는 집, 내가 집을 처음 사게 된 이유도 바로 그것이었다. 그렇다면 어떻게 해야 내 집 마련을 할 수 있을까? 그것도 그냥 집이 아닌 '좋은 집'을 '좋은 가격'에 말이다.

인생을 통째로 바꾸는 내 집

03

"나는 유별나게 머리가 똑똑하지 않다. 특별히 지혜가 많은 것도 아니다. 다만 나는 변화하고자 하는 마음을 생각으로 옮겼을 뿐이다."

이 말은 빌 게이츠가 했다. 나는 빌 게이츠가 아니지만 변화하고자 하는 마음만은 그와 같았다. 어떤 변화를 할 것인가? 내 집에서 사는 게 당연하다는 생각을 가져야 한다. 나는 내 집 마련은 젊을 때부터 적극적으로 해야 한다고 늘 강조한다. 그것이 장기적으로도 안정적이다. 그러면 이렇게 반문하는 사람들이 있다.

"집값이 하락하면 어떡하나요?"

내 경험으로 보면 서울 수도권 집값은 두 번 크게 하락했다. 1997년 IMF 외환위기 때와 2008년 글로벌 금융위기 때다. 이런 위기가 찾아왔을 때 몇 년간은 서울 수도권 집값이 하염없이 하락했다. 그런데 그렇게 집값이 싸졌을 때, 집 없는 사람들이 내 집 마련을 했을까? 그리고 위기가 찾아오고 몇 년 후 집값은 어떻게 되었을까?

경제위기가 찾아오고 몇 년 후, 가격 하락을 만회하려는 듯 집값은 급격하게 상승하며 제 가격으로 돌아왔다. 상승이 있으면 하락이 있고, 하락 후에는 반드시 상승이 있다. 집값이 오르든 떨어지든 내가 살고 있는 집을 팔고 어디로 갈 것인가? 눈과 비를 피할 우리 가족의 보금자리가 있어야 하지 않을까? 그것도 온전한 우리 소유의 집 말이다.

꼭 넓은 집일 필요도 없다. 부피를 넓히기보다 생활의 질을 높이는 것이 현명한 삶이다. 전용면적 60㎡(18평)가 좁다고? 천만의 말씀. 요즘 대두하는 미니멀 라이프나 '소박하게 살기'에 동참해보자. 쓰지 않는 물건을 버리고 공간을 잘 활용하면 전용면적 43㎡(13평)를 전용면적 60㎡(18평)처럼 쓸 수 있다. 넓은 집에 산다고 그 공간이 계속 유지될까? 아무리 넓은 집도 물건들을 사들이기 시작하면 채워지는 것은 시간문제다.

결국, 마인드의 문제다. 비워야 비로소 보이는 것들이 있다. 젊은 시절은 그것을 배우기에 아주 적절한 시기다. 좁은 집이면 어떤가. 물건으로만 가득 찬 집은 아무리 큰 집도 좁게 느껴질 것이다. 내 집을 물건들이 사는 집으로 만들지 말고 서로의 관심사가 담긴 애정 어린 공간으로 만들어보자.

예전에는 결혼하면 부자가 된다고 했는데 요즘은 결혼하고 더 가난해진 사람들이 많은 것 같다. 예전보다 돈 쓸 일이 많아졌기 때문이다. 통신비, 교통 요금, 자동차 유지비, 해외여행 비용 등 들어오는 곳은 한정돼 있어도 돈 쓸 일은 넘친다. 예전에는 신용카드가 없었기 때문에 가진 돈 한도 안에서만 써야 했지만, 그것도 옛말이다. 요즘은 통장으로 들어오는 월급을 '스치듯 안녕'이라 부른다. 그게 다 카드값 때문이다.

소비의 세상에서 카드 하나면 못 살 것이 없다. 인터넷 세상이니 신용카드 한 장이면 해외 물건까지 사들일 수 있다. 홈쇼핑이나 인터넷쇼핑과 친하게 지내다가는 마이너스 인생으로 가기 십상이다. 당장 이런 습관에서 벗어나야 한다. 물론 방법도 있다. 그것도 당신이 아주 잘 아는 방법이다.

"지금 사용하는 물건을 아껴 쓰라고요?"

그것도 방법이지만 가장 근본적인 방법은 월급이 들어오면 먼저 저축부터 하는 것이다. 예전에 돈 때문에 걱정하는 친구가 있었다.

"돈을 너무 막 써서 문제야, 문제."

그래서 나는 월급 일부를 먼저 저축하라고 조언했다. 그랬더니 친구가 어이없게도 이렇게 말했다.

"엉? 그럼 되는데, 그렇게 하면 쓸 돈이 없어."

설마 당신도 저축하면 쓸 돈이 없을까 봐 걱정돼서 저축을 못 하고 있는가? 그렇다면 평생 돈을 모을 수 없다. 저축은 돈을 쓰지 않게 하려는 하나의 방책이다. 돈을 모을 마음이 있다면 자유적금보다 일정 기간, 일정 금액을 넣는 정기적금을 추천한다.

수중에 돈이 없어야 마음을 다잡고 쇼핑의 세계에서 벗어날 수 있다. 저축을 통해 목돈을 만든 후, 그것으로 쉽게 변하지 않는 가치를 사야 한다. 쉽게 변하지 않는 가치, 게다가 사용가치까지 있다면 금상첨화다. 우리가 사는 집이 그런 대상이다. 집은 단순한 물건이 아닌 내 가족이 편히 쉴 수 있는 공간이다. 사용가치까지 따지면 어마어마한 값어치가 나온다.

결혼하든 미혼으로 살든 내 집 마련에 대한 고민은 반드시 해야 한다. 나도 내 집 마련하기 전까지는 세상 무서운 줄 모르고 돈을 썼다. 나에게 돈이란 술 마시고, 차 바꾸고, 옷 사고, 취미 생활을 할 수 있게 하는 품위유지비였다.

돈을 모으지 않았던 시간은 한마디로 미래 없이 현재만 있을 뿐이었다. 그러나 이 책을 읽는 당신은 나의 과거를 밟으면 안 된다. 몸은 여기, 현재에 있되 생각은 항상 미래에 있어야 한다. 나도 내 집을 사야겠다고 마음을 먹고 집을 구하러 다니면서부터 집은 더 이상 관심 밖의 대상이 아니라 관심 1호의 대상이 되었다.

"올해 안에 반드시 내 집을 장만하고 말겠어!"

이러한 결심이 서자 나는 발품을 팔며 부동산을 돌아다녔다. 여러 부동산을 돌면서 수많은 사람을 만났다. 그리고 그곳에서 만난 일들은 놀라운 경험이었다. 마치 어린아이가 된 것처럼 부동산 안을 신기한 듯 두리번거렸다. 그러던 내가 시간이 지나면서 한쪽 벽면을 가린 대형 지도를 살펴보며 그 지역 전체를 파악하게 되었고 내가 알지 못했던 아파트 구조와 부동산 사람들이 사용하는 용어도 익힐 수 있었다.

나는 내 집 마련을 준비하면서 경제에도 눈을 뜨기 시작했다. 돈 쓰기 좋아했던 내가 돈 쓰는 습관을 반성하고 어디에서 돈이 새는지 자세히 관찰하기 시작했다. 우선 신용카드를 다 잘라버렸다. 과거에 나를 알던 사람들은 사람이 변해도 너무 변했다고 했다.

"너, 그렇게 변하다 확 가는 수가 있다. 사람이 죽을 때가 가까워지면 변한다더니, 무섭다." 하지만 재미있는 것을 보고 어떻게 지나치겠는가. 집을 구경하는 재미 앞에서 나는 변할 수밖에 없었다. 난생처음 은행에서 대출을 받으며 금리의 중요성을 배웠다. 2002년 당시 저축은행 예금 금리가 5%였다. 지금 생각하면 고금리다. 1년간 1,000만 원을 맡겼는데 이자가 겨우 세전 50만 원에 불과했다. 그런데 여기서 세금을 또 뗀다니. 뭔가 이상하다는 생각이 들었다. 나는 열심히 저축해서 집도 사고 부자도 되고 싶었다.

고심 끝에 내린 결론은 은행이 나에게 돈을 벌어다줄 일은 죽었다 깨어나도 없을 거란 거였다. 은행도 자기 수익을 생각하는 하나의 기업일 뿐이었고 고객의 수익에는 관심이 없었다. 스스로 돈을 벌 수 있는 길을 찾아야만 했다. 그날부터 고민하고 또 고민했다. 뉴스에서 금리 이야기만 나오면 밥을 먹거나 자다가도 귀를 기울였다. 경제 신문도 읽었다. 경제 신문에서 말하는 숫자들이 무엇을 의미하는지 궁금해지기 시작했다.

부동산 문턱이 닳도록 드나들었다. 집을 구입하는 과정은 세상을 이해하는 또 다른 통로였다. 평생 만날 일이 없을 것 같았던 법무사와도 만나고, 먼저 집을 산 사람들의 조언도 다시 이야기해달라고 해서 새겨들었다. 집을 가진 사람들이 대단하게 보였다.

경험이 쌓이자 사람을 보는 눈도 달라졌다. 다람쥐 쳇바퀴 돌던 월급쟁이에게 부동산은 확실히 신세계였다. 생애 처음 집을 사고 꾸미면서 다음번에는 더욱 좋은 집을 고를 수 있다는 자신감도 생겼다.

그리고 드디어 내 이름이 선명하게 찍힌 등기부 등본을 받았다. 발품을 팔아 내 집을 장만한 경험은 세상 무엇과도 바꿀 수 없는 특별한 자산이었다. 다음 집을 상상하는 재미는 덤이었다.

집은 상상 속 물건이 아니다. 눈앞에 존재하는 실재다. 스스로 살 집을 구하는 일은 단순히 콘크리트로 된 물건을 하나 얻는 일이 아니다. 사회와 경제를 배우고 인간관계를 깨달아가며 사랑하는 가족의 미래를 안정되게 만드는 것이다.

지금까지 얼마나 많은 월세를 냈든, 얼마나 많은 전세금을 올려줬든, 내 소유의 집에서 살지 않아도 된다고 생각했다면 지금 당장 그 생각을 바꾸길 바란다. 당신이 생애 첫 번째 집을 마련하는 순간, 삶은 통째로 바뀔 것이다.

2장
꼬마아파트로 시작하라

04 젊을 때 구입한 꼬마 아파트가 인생을 바꾼다

　신혼부부 대부분이 전·월세로 산다는 신혼부부 주거 실태 조사 결과를 보고 나는 의아했다. 자료를 보니 84% 이상이 자기 소유의 집이 필요하다고 대답했다. 그렇지 않다고 말한 이들은 16%에 불과했다. 그런데 집이 필요하다면서 왜 행동으로 옮기지 않을까? 아마도 그들은 행동으로 옮기기에는 너무 많은 걸림돌이 있다고 할 것이다. 그런데 가만히 생각해보면 그 걸림돌은 '핑계'인 경우가 많다.

　국토교통부가 한국토지주택공사(LH) 토지주택연구원에 의뢰해 실시한 '신혼부부 가구 주거 실태 패널 조사'에 따르면, 맞벌이하는 신혼부부의 연평균 소득이 4,732만 원이라고 한다. 외벌이거나 다른 이유로 이보다 연평균 소득이 훨씬 적은 신혼부부들도 많을 것이다. 도대체 걸림돌이 무엇이기에 맞벌이를 하면서도 집을 구하지 못한다는 것일까? 나는 점점 그들이 궁금했다.

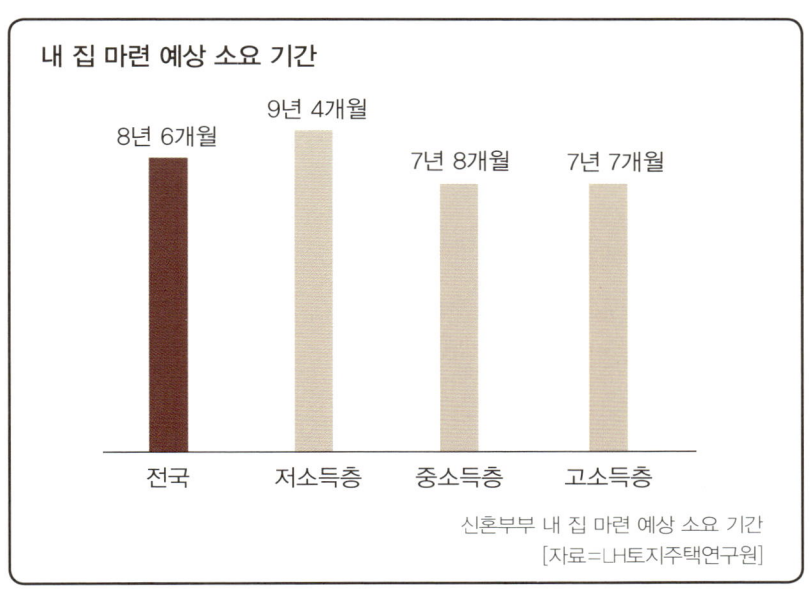

신혼부부 내 집 마련 예상 소요 기간
[자료=LH토지주택연구원]

또 조사 결과에는 이런 내용도 있었다. 탈서울 신혼부부가 서울로 들어오는 신혼부부보다 두 배가 많다는 것이다. 이유는 여러 가지가 있겠지만 전셋값이 워낙 비싼 탓에 도저히 서울에서 버틸 수 없기 때문이다. 신혼부부가 거주하는 주택의 평균 전세는 1억 1,900만 원, 평균 월세는 보증금 4,850만 원에 월 268,000원이라고 한다. 맞벌이하는 가장 큰 이유가 집값을 내기 위해서라니……. 쓴웃음이 나올 수밖에 없다.

그런데 서울 수도권 전·월세금은 2013년 이후 매년 급상승하는 추세를 보인다. 전세의 경우 적게는 2,000만 원에서 많게는 1억 원이 넘기도 한다. 세입자들은 자신과 가족을 위해 일하는 것이 아니라 집주인을 위해 일하는 꼴이었다. 뼈 빠지게 일해서 남 좋은 일만 하는 셈이다.

상황이 이렇다 보니 다들 내 집 마련을 희망한다. 그런데 여기에 문제가 있다. 내 집을 희망한다고 해서 바로 내년, 내후년에 집이 뚝딱 생기는 것이 아니다. 내 집 마련에 걸리는 시간은 평균 '8년 6개월'이라고 한다.

"8년 6개월? 그래도 다행이네. 죽기 전에는 마련할 수 있겠어."

조사 내용을 보고 이렇게 말하는 친구가 있었다. 정말 다행이라고 생각하는가? 내일 무슨 일이 일어날지, 한 치 앞을 모르는 시대에 살면서 그런 생각을 한다는 것은 낙관과 긍정을 넘는 무지의 소산이다. 내 집을 구하는 데 8년 6개월은 너무 긴 시간이다. 더 빨리 앞당길 방법은 없을까? 주변을 둘러보라. 수많은 아파트가 보일 것이다. 그 아파트 중에 당신의 문제를 해결해줄 답이 있다.

전철 역세권, 대단지, 편의시설이 잘 갖춰진 곳의 공통점은 무엇일까? 누구든 살기에 적당하다는 것이다. 서울 수도권에서는 전철이 중요한 출퇴근 수단이기에 전철 역세권은 최우선으로 체크할 사항이다. 대단지, 적당한 가격, 편의시설까지 잘 갖추어져 있다면 금상첨화다. 서울 수도권에서 집을 구하려면 이 정도는 꼭 체크해야 한다. 그리고 조금 작더라도 무조건 아파트를 마련하자. 그것도 꼬마 아파트로 말이다.

꼬마 아파트, 여기에 내 집 마련의 황금 열쇠가 있다. 서울 수도권 아파트 밀집 지역마다 꼬마 아파트가 있는 것은 아니니 눈을 크게 뜨고 찾아야 한다. 그렇다고 못 찾을까 봐 걱정할 필요는

> **꼬마 아파트란?**
> 일반적으로 전용면적 60㎡(18평) 이하인 소형아파트보다도 작은, 전용 50㎡(15평) 미만의 아파트를 의미한다. 현장에서는 초소형아파트라고 말하며, 방 두개 이하로 구성된다.

없다. 이 책에 서울 수도권의 대표 꼬마 아파트 12곳을 넣었다. 누구보다 간절함이 있다면 황금 열쇠는 찾는 자에게 반드시 보일 것이다.

지인의 이야기를 소개할까 한다. 2006년, 일산에 사는 김성실 씨(가명)는 결혼하기 전 신혼집을 구하기 위해 일산의 빌라를 보러 다녔다. 마음에 드는 집이 나오면 전세까지 생각하면서 신축빌라만 찾아서 하루에 몇 채씩 보았다.

새 집이라고 하면 마냥 좋을 줄 알았는데 좀처럼 마음에 드는 집이 없었다. 다닥다닥 붙은 안팎의 구조, 부족한 주차 공간, 허술한 인테리어 등이 마음에 걸렸다. 주변의 꼬마 아파트와 가격 차이도 거의 없었다. 결국 처음 생각했던 금액보다 조금 더 들여서 꼬마 아파트를 마련했다.

당시 전용면적 43㎡(13평) 꼬마 아파트는 매입가격이 9,500만 원이었다. 성실 씨는 60%인 5,700만 원을 대출받았다. 본인 저축액 3,800만 원에 기타 비용까지, 꼬마 아파트를 내 집으로 마련하는 데 든 비용은 총 4,000만 원 정도였다.

그 후 성실 씨 가족에게 첫아기가 태어났다. 아기 짐이 많아지자 세 식구가 살기에는 좁았다. 그동안 대출금을 조금씩 갚아나갔기에 남은 대출 금액은 4,000만 원 정도였다. 성실 씨는 새로운 도전을 했다.

"그래, 결심했어! 이사하는 거야."

때마침 집 근처 아파트 단지에 전용면적 59㎡(18평) 소형 아파트가 나왔다. 주인이 부동산에 내놓은 아파트 가격은 1억 9,000만 원, 이 아파트를 사기 위해 성실 씨는 살던 집을 1억 5,000만 원에 팔고, 남은 대출금을 갚았다. 성실 씨는 대출금을 갚고 남은 돈 1억 1,000만 원과 새로 대출을 받은 8,000만 원을 보태 소형 아파트를 샀다. 같은 지역에서 평수 넓히기에 성공한 것이다.

몇 년 후 둘째 아이가 태어났다. 이번에도 성실 씨는 기회를 보던 중 싸게 나온 전용면적 84㎡(25평) 아파트를 사기로 했다. 마침 운이 좋았다. 매입가격 2억 3,500만 원이었는데 당시 2013년 수도권 부동산 시장은 바닥이었다. 2016년 현재 성실 씨의 아파트 시세는 3억 6,000만 원을 넘는다.

다른 사람 이야기 같은가? 바로 당신의 친구, 동료, 가족들의 이야기다. 주변 사람이 할 수 있는 일을 당신이라고 왜 못하겠는가? 도전을 두려워하지 마라. 도전하지 않으면 실패는 하지 않겠지만, 당신은 여전히 남의 집에서 살 수밖에 없다.

성실 씨의 이야기를 좀 더 자세히 보자. 두 번째 이사는 첫 번째 이사와 다른 점이 있었다. 바로 살던 아파트를 팔지 않고 대신에 전세를 놓고 이사를 했다는 점이다. 2억 원에 전세를 주고 대출금 8,000만 원을 상환했다. 세 번째 아파트로 이사할 때는 남은 돈 1억 2,000만 원과 대출금 1억 1,500만 원을 이용했다. 복잡해보이지만 옆 페이지 그림으로 보면 간단하다.

성실 씨는 신혼집을 꼬마 아파트에서 시작한 것을 지금까지 두고두고 잘했다고 생각한다. 그러나 다르게 생각하는 사람들도 있을 것이다. 내가 마르고 닳도록 꼬마 아파트를 말해도 이렇게 말하는 사람들이 있다.

"아니, 선생님. 왜 자꾸 꼬마, 꼬마 하시는 거예요? 꼬마 아파트. 뽀

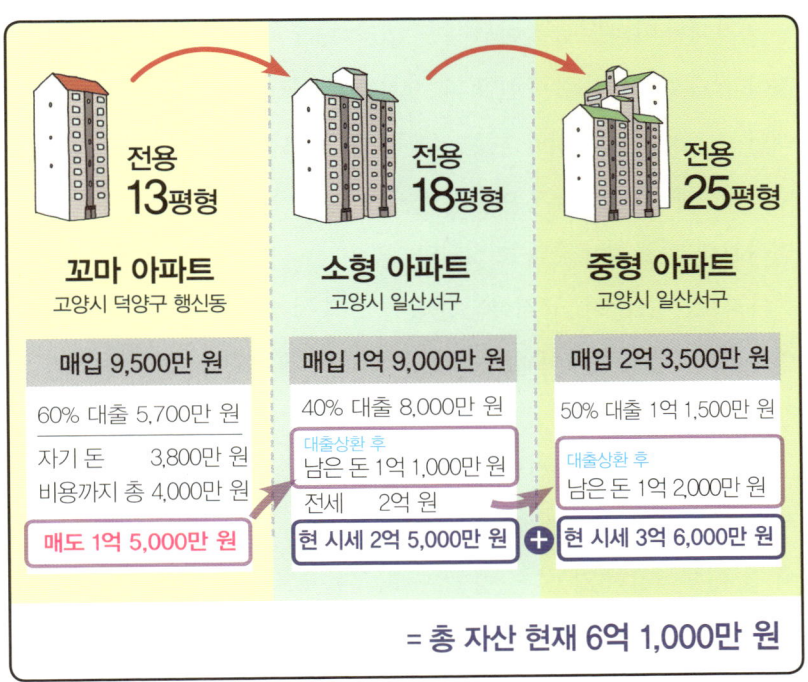

대가 안 나요, 뽀대가. 같은 가격이면 넓게 시작하면 좋잖아요. 넓은 빌라에서요."

하지만 이것은 빌라와 아파트의 차이를 모르고 하는 소리다. 빌라와 아파트는 출발점이 다르다. 죽을 때까지 꼬마 아파트에서 살라는 소리가 아니다. 성실 씨의 예처럼 꼬마 아파트를 이용해서 더 넓은 평수로 이동하는 것이 재테크의 한 방법이다. 아파트에서 출발한 사람들은 기존 아파트를 이용해 더 넓은 아파트로 옮겨 갈 확률이 높다. 하지만 빌라에서 출발한 사람은 몇 년이 지난 후에도 여전히 빌라에 살 확률이 높다.

"빌라에서 아파트로 갈아탈 수도 있잖아요?"라고 말하는 사람도 있을 것이다. 물론 내 집을 마련할 때 아파트가 아닌 빌라나 단독주택을 선택할 수도 있다. 하지만 나는 작더라도 꼭 꼬마 아파트를 사길 권한다. 거기에는 여러 가지 이유가 있다. 우선 아파트의 장점 중 하나는 빌라보다 환금성이 좋다는 것이다.

아파트는 표준화, 규격화되어 있어 가격 산정이 쉬워, 거래가 활발하다. 관리사무소에서 아파트 안팎을 꾸준히 관리한다. 게다가 지을 때부터 외부 감리 업체가 공사를 자세히 체크하는 편이다.

하지만 빌라는 규격화되어 있지 않아 가격을 산정하기가 어렵다. 대부분의 빌라는 시공 단계에서부터 영세 업체가 하는 경우가 많아 감독이 잘 이루어지지 않는다. 입주 후에는 빌라 유지 비용도 계단 청소비 정도만 호수별로 걷을 뿐이다. 외부에 하자가 생겨 전체적으로 공사해야 할 경우에는 입주민들이 자체적으로 외부 업체를 알아봐야 하는 번거로움이 있다. 정기적으로 수선 충당금을 따로 모으지 않는 경우가 많아서 지붕이나 외벽 또는 주차장 바닥에 방수나 페인트칠 공사를 할 때 목돈이 들어간다. 빌라 입주민 전원의 동의를 얻기도 힘들고 십시일반으로 돈을 모은다고 해도 부담이 될 수밖에 없다.

"방음이 너무 안 돼. 윗집 이야기가 다 들려."

"주차 때문에 매일 새벽에 차 빼달라고 전화가 와. 주차 걱정 없이 잠 좀 푹 자봤으면 좋겠다."

> **환금성이란?**
> 자산의 완전한 가치를 현금화할 가능성을 말한다. 대부분 부동산은 현금화하기까지 시간이 오래 걸린다. 하지만 규격화된 아파트는 거래가 활발한 편이다.

최고급 빌라가 아니라면 이런 불평은 감수할 각오를 해야 한다. 동(棟) 간 간격도 넓지 않고 주차 공간도 확보하기 어렵다. 위와 같은 이유로 내 집 마련을 고려 중이라면 빌라보다는 아파트를 강력하게 권한다. 빌라에서 시작해서 아파트로 가는 길은 꼬마 아파트에서 시작해서 중형 아파트로 가는 것보다 몇 배 더 많은 노력과 돈이 필요하다.

왜 쉬운 길을 두고 어려운 길로 가려고 하는가? 남들이 보는 눈? 그것이 무엇이 중요한가? 내 미래를 보장해주는 사람은 남들이 아니다. 욕심을 버려야 나중에 더 많은 것을 얻을 수 있다. 시작은 미약하나 그 끝은 창대하다고 하였다. 꼬마 아파트는 다음에 당신이 목표로 하는 집으로 가는 최초의 징검다리다.

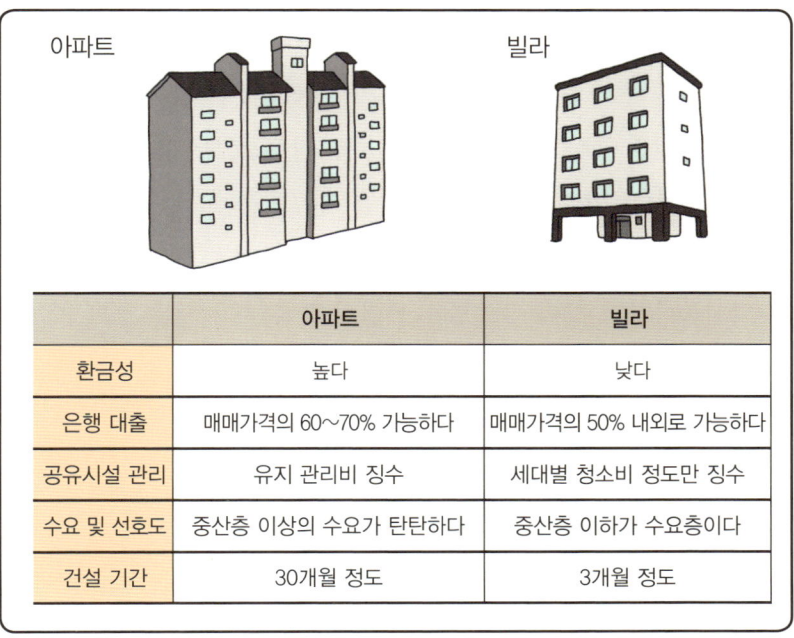

	아파트	빌라
환금성	높다	낮다
은행 대출	매매가격의 60~70% 가능하다	매매가격의 50% 내외로 가능하다
공유시설 관리	유지 관리비 징수	세대별 청소비 정도만 징수
수요 및 선호도	중산층 이상의 수요가 탄탄하다	중산층 이하가 수요층이다
건설 기간	30개월 정도	3개월 정도

05 잘 산 꼬마 아파트 하나, 열 빌라 부럽지 않다

나는 직장인일 때 토요일마다 대부분 시간을 아파트를 보러 다니는 데 썼다. 좋은 집을 사고 싶다면 처음에는 힘들겠지만 익숙해질 때까지 아파트를 보러 다녀야 한다. 일요일은 문을 닫는 부동산이 많기 때문에 토요일에 움직여야 한다. 서울 수도권은 토요일도 격주로 쉬는 부동산이 많다. 약속을 미리 하고 움직이는 게 좋다. 평일 저녁도 일찍 퇴근하는 날은 마찬가지로 틈틈이 발품을 팔아야 한다.

부동산 사장과 같이 아파트를 보면서 각 단지 시세를 보고 자기의 생각과 가격이 일치하는지 기록하고 확인해야 한다. 잘 모르는 지역이라면 부동산 사장에게 상세한 지역 설명을 들어야 한다.

부부가 함께 발품을 팔면 더 좋다. 내 집 마련을 준비하는 동안에 부부가 많은 대화를 나눌 수 있다. 아내들은 이것저것 비교하고 따지는 것을 좋아하는 반면 남편들은 아내를 따라다니면서 이야기 듣는 것을 귀찮아 한다. 하지만 이때만큼은 부부가 일심동체가 되어 내 집 마련의 지름길에 들어서야 한다. 백지장도 맞들면 낫다고 하는데 하물며 '억' 소리 나는 집을 구하는데, 부부의 협동심은 이럴 때 보여주는 것이다.

부부는 서로의 자금 수준을 알아야 하고, 서로의 출퇴근이 가능한 범위 안에서 아파트를 골라야 한다. 집을 구하기 전 은행에 연락해 대출 한도를 미리 확인하는 것이 좋다. 마음에 드는 집부터 골랐다가는 대출을 받지 못해 낭패를 당할 수도 있다.

또한 집을 구한다고 집만 봐서는 안 된다. 내가 살 집이 있는 지역이 어떤지도 관심을 갖고 알아봐야 한다. 발품을 판다는 것은 결코 쉬운 일이 아니다. 하지만 이러한 과정을 통해 많은 물건을 보고 기록하다 보면 좋은 집을 구별하는 안목이 점점 높아질 것이다.

만약 부부가 함께 움직이기 힘들다면 가까운 지인 중에서 집을 먼저 구해본 사람과 함께 가라. 친한 사람이 아니라 집에 관해 잘 아는 사람을 선택하는 것이 중요하다. 나도 처음부터 좋은 집을 쉽게 구한 것은 아니었다. 하루에도 수십 채의 집을 구경하고 부동산 사장과 몇 시간씩 이야기를 나누면서 조금씩 집과 그 지역을 알아갔다.

처음에는 어떤 집이 좋고 나쁜지 구분을 잘하지 못했지만, 많이 보러 다니면서 보이지 않던 집의 차이가 점점 눈에 들어왔다. 노하우란 결국 자기 노력의 결과물인 것이다. 그러니 발품 파는 것을 귀찮아하지 말자.

집을 보러 다닐 때 가장 많이 생각하는 것이 '가격'이다. 좋은 집을 사는 것은 어려운 일이 아니다. 돈만 많다면 선택의 폭은 넓겠지만 그렇지 않다면 가격 앞에서 주춤한다. 그렇다면 자금 한도 내에서 가장 만족도 높은 집을 선택하려면 어떻게 해야 할까?

여기서 잠시 집이 아닌 다른 물건은 살 때 어떻게 사는지 생각해보자. 가장 많이 사용하는 방법이 '가성비'를 보는 것이다. 즉, '가격 대비 성능의 비율'을 보면 된다. 우리는 무언가를 살 때 물건의 가치 대비 가격을 항상 비교해본다. 마음에 드는 물건을 좋은 가격에 사려면 '비교'가 핵심이다.

그러나 단순히 비교만 한다고 마음에 드는 것을 얻을 수 있는 것은 아니다. 비교해서 어떤 것이 더 우위인지 평가해야 한다. 그래야 물건의 가치를 상대적으로 가늠할 수 있다. 하나의 물건을 제대로 알기 위해서는 그와 비슷한 물건을 여러 개 놓고 비교 평가해보아야 한다.

예를 들어 구두를 살 때 첫눈에 반했다고 구두를 신어보지도 않고 가격도 무시한 채 바로 계산하지 않을 것이다. 마음에 든다고 구두를 다 사지는 않는다. 여러 켤레의 구두를 신어본 후 자기 발에 맞는지 확인하고, 자신이 가진 돈의 한도 내에서 구두를 살 것이다. 즉, 가격과 가치를 비교 평가해서 가장 적합한 것을 고른다. 이것이 핵심이다.

대형 마트에 마감 전 반짝 세일하는 물건들을 볼 때가 있다. 한 시간 전까지만 해도 한 팩에 5,000원 하던 방울토마토를 마감 시간이 임박하자 두 팩을 5,000원에 판다. 가격은 시간에 따라 변하게 마련이다. 절대가격이란 존재하지 않는다. 금값도 오르락내리락하고 신상품이라고 비싸게 샀던 옷도 이월 상품이 되면 반값으로 떨어질 때가 있다.

집값도 마찬가지다. 고정되어 있지 않은 변동가격 안에서 가장 쌀 때 사야 한다. 사실 이 부분이 가장 어렵고 중요하다. 지금 가장 쌀 것 같아 집을 사지만 내일 더 쌀 수도 있고 아니면 그다음 날 더 쌀 수도 있다. 또 이런 경우도 있다. 남들은 다 싸게 샀는데 당신이 집을 사려는 바로 그 시점에 집값이 오를 수도 있다. 그래서 사야 할 시기를 안다는 것은 정말 어렵다. 간혹 집을 사는 시기 때문에 걱정하는 사람들이 있다.

"나만 너무 늦게 집을 사는 거 아닌가요? 집값이 이미 다 올랐다고 하는데요."

그러면 나는 단호하게 대답한다.

"절대 아닙니다."

집을 사는 일은 아이를 낳아 기르는 일과 비슷하다. 너무 늦게 태어난 아기는 없다. 내 집을 마련하는 시기도 그렇다. 너무 늦은 시기란 없다. 서울 수도권의 집값이 오를 대로 올랐다고 부정적으로 생각하는 사람들도 있다. 하지만 서울 수도권에 있는 수백만 채 집값이 동시에 본래 가치보다 훨씬 더 올랐을까? 생각해보면 그렇지도 않다. 이곳저곳을 잘 비교해보고 가장 적게 오른 집을 사면 된다.

집을 마련할 때는 자신이 필요한 시기에 가격 대비 가장 좋은 집을 고르면 된다. 기회는 언제나 있다. 그럼에도 집을 살 시기를 걱정하는 데에는 다 까닭이 있다. 충분히 관심을 가지지 않아서 시세에 대해 잘 모르기 때문이다. 어떤 사람들은 나에게 이런 요구를 할 때도 있다.

"어디 사면 올라요? 가격이 팍팍 오르는 곳을 찍어주세요."

그러면 나는 이렇게 말한다.

"저는 점쟁이가 아닙니다."

사람들은 부동산 공부를 남들보다 조금 일찍 시작했다는 이유로 마치 내가 부동산 점쟁이인 줄 착각하는 경향이 있다. 자기가 살던 집으로 자산 상승이라는 두 마리 토끼를 잡고 싶은 마음은 충분히 이해한다. 물론 나도 집을 사려는 사람들에게 실거주도 하면서 가격 상승도 기대할 수 있는 지역의 집을 사라고 권한다. 그러나 나는 점쟁이가 아니라 미래를 알 수 없다.

바로바로 오르는 지역을 예측할 수 있는 부동산 전문가는 없다. 콩나물을 키울 때 얼마만큼 자랐는지 궁금하다고 자꾸 천을 들춰보면 콩나물은 잘 자라지 않는다. 지나친 관심을 끄고 성심껏 물만 주면 된다. 그러다 보면 어느 날 문득 콩나물이 쑥쑥 자란 것을 볼 것이다. 사려는 집에 대해서도 충분한 조사와 기다림의 시간이 있으면 좋은 결과를 얻을 수 있다. 어떤 사람들은 나에게 이렇게 묻는다.

"집을 샀는데 집값이 왜 안 올라요?"

자기가 산 집 가격이 왜 올라야만 한다고 생각할까? 가격이 일시적으로 하락할 수도 있다. 상승과 하락 곡선은 어느 분야에나 있는 등락 곡선이다. 집값이라고 예외는 아니다. 계속 상승만 하는 일은 없다. 그러니 집값이 내려갈까, 괜한 마음고생 하지 말고 본인의 업무에 열과 성을 다하는 것이 좋다. 성실하고 정직하게 살다 보면 어느새 당신의 집값은 훌쩍 뛰어 있을 것이다.

06. 내 집 마련을 위한 황금 법칙 3가지 : 저축하고 매수하고 갈아타라

배는 항구에만 있으면 안전하다. 그러나 배가 만들어진 목적은 거친 바다로 나가 파도를 헤치고 목적지를 향하는 데 있다. 태풍이 불어 배가 뒤집힐 수도 있고, 암초를 만나 배가 좌초될 수도 있다. 매우 위험하고 힘든 항해일지라도 인생의 항해는 계속되어야 한다. 도전하는 자만이 신대륙을 발견하기 때문이다.

크고 좋은 집이 하늘에서 떨어지리라는 환상을 품고 사는 사람들이 의외로 많다. 아무 노력도 하지 않고, 계획도 없으면서 언젠가 내 집이 생길 것이라는 막연한 생각을 갖고 산다. 말 그대로 환상이다.

"청약통장에 꼬박꼬박 적금 붓고 있는데 뭐가 걱정이에요? 당첨만 되면 내 집이 생기는 거 아니에요?"

부끄러운 이야기지만 나도 내 집 마련에 대해 잘 모를 때는 그렇게 생각했다. 당첨만 되면 집 없는 서러움을 한 방에 날릴 수 있다고 믿었다. 하지만 그것은 로또 당첨을 기대하는 심리와 다를 바가 없다. 노력 없이 오는 행운은 없다. 아무리 작은 행운이라도 내가 노력한 대가다.

겸손한 노력은 내 집을 준비하는 사람들에게 필요한 덕목이다. 노력을 많이 한 사람들은 노력의 대가를 행운이라 생각한다. 마치 자기는 아무것도 한 것이 없는 양 손사래를 친다.

"제가 뭘 한 게 있나요? 그렇게 좋은 가격에 집을 살 수 있었던 것은 운이에요."

하지만 그렇게 말하고 돌아서는 그들의 신발을 보라. 굽이 다 닳고 여기저기 긁혀 있을 것이다. 신발은 거짓을 말하지 않는다. 그 사람이 어떻게 여기까지 왔는지를 보여준다. 주변에서 자기 힘으로 집을 마련한 사람들을 만나보면 땀 흘려 절약하고 모은 돈으로, 발품을 팔아 집을 마련한 경우가 대부분이다.

누구나 넓고 좋은 아파트에 살고 싶어 한다. 하지만 젊을 때부터 그렇게 사는 사람은 부모님을 잘 만난 금수저들 빼고는 거의 없다. 열심히 일하고 저축해서 한 단계 한 단계 자신의 꿈에 다가가는 것밖에 없다. 자신이 살고 싶은 집을 마련하기 위해서는 정직하게 준비하고 자신의 꿈과 함께 성장해나가야 한다.

식물을 키워본 사람은 알 것이다. 처음엔 작은 식물을 작은 화분에 심는다. 그리고 자라는 정도에 따라 분갈이를 해준다. 중간에 너무 큰 화분으로 갈아줄 필요도 없다. 분갈이의 포인트는 그 식물에 맞는 화분을 선택하는 것이다. 내 집 마련도 마찬가지다. 처음부터 무조건 크고 좋은 집보다 꼬마 아파트를 디딤돌 삼아 조금씩 집을 넓혀나가는 것이다.

어쩌면 당신은 독립하기 전까지 부모님의 넓은 집에서 살았을지도 모른다. 그래서 꼬마 아파트를 우습게 볼 수도 있다. 그러나 기억해야 한다. 부모님도 처음에는 작은 집에서 시작했다는 사실을.

어쩌면 부모님과 사는 집도 당신 집이라고 생각하고 집에서 사용하는 가구와 가전제품도 다 당신 것으로 생각할지도 모른다. 물론 당신 돈으로 다 산 것이라면 전부 당신 것이라고 당당히 말해도 된다. 하지만 당신이 번 돈으로 산 것이 아니라면 지금 누리고 있는 모든 것은 부모님께 잠시 빌린 것뿐이다.

부모님 집을 당신 집이라고 착각하면 안 된다. 이제부터 당신은 당신에게 알맞은 당신의 집을 꿈꿔야 한다. 내 집 마련에도 순서가 있다. 만약 당신이 자신 소유의 집을 계획하고 있다면 다음에서 제시하는 3단계를 하나씩 습득하길 바란다. 내 집 마련이 조금은 수월해질 것이다.

첫째, 저축하라.

수입 중 일부를 먼저 떼서 저축하는 습관을 길러야 한다. 쓰고 남은 돈을 저축하는 것이 아니라 반드시 저축부터 먼저 해야 한다. 저축은 집을 살 수 있는 가장 중요한 요소다. 금액은 상관없다. 자기 능력에 맞게 일정 기간 꾸준히 모아야 한다는 것이 중요하다. 목돈을 많이 모을수록 좋은 집을 고를 수 있는 선택의 폭도 더 넓어진다. 저축으로 종잣돈을 모으고 그 돈을 기반으로 나머지 돈을 만드는 것이다.

부족한 자금은 혼자 끙끙거리지 말고 가족의 도움을 받거나 은행 대출을 이용하자. 그리고 성실하게 갚아나가자. 명심할 것은 부단한 노력으로 자신의 절실함을 알려야 세상이 도와준다는 것이다. 두드리면 열린다. 열릴 때까지 두드려라! 웬만하면 다 열린다.

둘째, 전셋집이 아닌 자기 집으로 시작하라.

어렵게 모은 목돈을 전셋집 구하는 데 써서는 안 된다. 목돈을 전세금으로 2년간 묶어 놓으면 안 된다. 전세금이 아무 변화 없이 2년간 있는 것 같지만, 그것은 착각이다. 2년 동안 물가 상승률만큼 전세금의 가치가 하락하는 것이다. 처음 전세를 얻는 이들이 이 부분을 가장 많이 착각한다. 마트에 갈 때마다 느끼지 않는가? 우리나라의 물가 상승률을. 돈의 가치는 점점 하락하고 있다.

성실 씨가 중형 아파트까지 무사히 갈아탈 수 있었던 것도 처음부터 자기 집을 장만했기 때문이다. 자기 집이 종잣돈이고 재산을 불릴 기회를 준다는 것을 잊지 말자. 종잣돈을 그냥 자게 놔두어선 안 된다. 물가가 상승하는 만큼 피땀 흘려 모은 종잣돈의 가치가 하락하게 놔두고 방관하는 일이 없도록 해야 한다.

셋째, 꼬마 아파트에서 시작하라.

꼬마 아파트는 다음 아파트로 이사하는 데 디딤돌이 되어 준다. 그렇다면 언제 꼬마 아파트를 갈아타야 할까? 기준을 세울 수 있는 질문 하나를 던져보자.

"당신의 집은 환금성이 좋은가?"

환금성이 좋다는 말은 부동산 하락기가 와도 가격을 조금만 낮춰서 시장에 내놓으면 팔린다는 뜻이다. 인테리어가 좋은 집보다 잘 팔리는 집을 사는 게 중요하다. 다시 말해 부동산 재테크를 생각한다면 처음부터 내가 좋아하는 집이 아니라 사람들이 좋아하는 집을 사야 한다.

자금이 넉넉하거나, 평생 한집에서 살 사람이라면 자신의 취향을 따르는 것이 맞다. 하지만 자금이 한정된 경우 좋은 집에서 살려면 어떻게 해야 할까? 꼬마 아파트에서 시작해 한 단계 한 단계씩 넓혀나가야 한다.

아파트라고 무조건 잘 팔리는 것은 아니다. 같은 평수, 같은 구조의 아파트라도 잘 팔리는 아파트는 따로 있다. 자신이 힘들게 번 돈을 비싼 값을 치르고라도 사고 싶은 아파트, 신중을 기해 그런 아파트를 사야 한다.

그러면 자신이 살고 있는 꼬마 아파트는 언제 갈아타는 게 좋을까? 부동산 하락기가 절호의 기회다. 환금성이 높은 집은 거래가 잘되고 대부분 가격도 민감하게 상승할 뿐만 아니라 하락기에도 잘 버틴다. 그래서 아파트 갈아타기 전략은 부동산 하락기에 더 유리하다.

다른 아파트 가격이 하락할 때 자신의 꼬마 아파트는 하락하지 않는다면, 그때가 넓은 평수로 갈아탈 최적의 타이밍이다. 하지만 다른 아파트 가격이 하락하는데 자신의 아파트가 하락하지 않는 경우는 거의 드물다. 다른 아파트가 하락할 때 자신의 아파트도 하락한다고 생각하는 게 맞다.

"선생님, 제 꼬마 아파트가 1,000만 원 하락했어요. 어떡하지요?"

당신의 꼬마 아파트가 하락했다면 더 큰 평수의 아파트는 더 많이 하락했을 것이다. 대부분 사람은 아파트 가격이 오를 때 집을 팔려고 한다. 하지만 여기서 조금만 더 생각해보자. 자기 집만 오를까? 자기 집이 오르면 남의 집도 오른다.

"내 꼬마 아파트가 1억 5,000만 원이었는데 1,000만 원이나 올랐어. 대박. 이제 좀 넓은 평수로 갈아탈 시기가 온 거야."

자신의 집이 1,000만 원이 올랐다면 넓은 평수는 얼마나 오를까? 똑같이 1,000만 원이 올랐을 거란 생각은 착각이다. 넓은 평수는 돈의 단위가 크기 때문에 1~2억 원씩 오르기 쉽다. 상승기에 넓은 평수로 옮겨타는 것은 뱁새가 황새 따라가는 격이다. 가랑이만 찢어진다.

반대로 아파트 가격이 내려갈 때를 생각해보자. 꼬마 아파트는 가격이 낮아서 내리는 폭도 작다. 하지만 넓은 평수는 큰 폭으로 내린다. 넓은 평수의 아파트는 오를 때도 큰 폭으로 오르고, 떨어질 때도 큰 폭으로 내린다. 오르고 내릴 때의 차액을 계산해본다면 언제 집을 갈아타는 것이 좋은 시기인지 알 것이다.

다시 한번 말하지만 내 집 마련을 하는 과정에서 운을 기대해서는 안 된다. 저축을 잘 해서 종잣돈을 모은 후, 관심 지역 여러 곳을 잘 조사해두면 집을 살 때가 꼭 온다. 이런저런 노력도 없이 부동산만 가면 집이 보이는 것이 아니다. 원하는 집이 있어도 자금이 없으면 소용 없고, 자금이 있다고 해도 자신이 원하는 지역에 원하는 아파트가 나오지 않으면 다 소용이 없다.

"선생님, 자금을 잘 모으고 관심 지역까지 철저하게 공부했어요. 이렇게 열심히 산 사람을 위해 다음 집으로 갈아탈 최고의 팁을 주세요."

"갈아타기 가장 좋은 상황이라……. 그것은 내 집 가격은 상승하고 갈아탈 집 가격은 하락하는 경우지요."

큰 팁을 기대한 사람들이라면 너무 뻔한 답에 실망할 수도 있겠다. 누구나 이 정도는 생각할 수 있다고 여길지 모르지만 아쉽게도 이런 집을 찾기란 하늘의 별 따기보다 더 어렵다. 처음부터 너무 큰 욕심을 부리기보다 지금까지 말한 세 가지 법칙을 잘 따라가라. 이것이 내 집을 마련하는 황금 법칙이다.

자신의 살 집을 마음속에 그리며 첫 단계를 밟아라. 집을 사려면 전략적 사고가 필요하다. 어떤 집을 사야 하는지, 그 집을 사기 위해서 어떤 행동을 해야 하는지, 집을 산 후에는 어떻게 꾸밀지, 머릿속으로 그린 후에는 당신이 원하는 바를 시각화해야 한다. 기록하라. 원하는 것은 머릿속에만 담아두지 말고 눈으로 직접 볼 때 현실화가 더 빠르다.

생애 첫 번째 내 집, 콕 집어 찾는 법 07

디근자 싱크대와 주차장만 보지 말고 집의 목적을 생각하라

　내 집 마련을 계획할 때 가장 먼저 무엇을 생각하는가? 가격, 인테리어, 직장이나 학교와의 거리, 편의시설 등 하나에서 열까지 따져야 할 것들이 많다. 그러나 여기서 가장 우선시해야 할 것은 바로 목표다. 혼자 살든 가족과 함께 살든 그 집의 목적성을 항상 고려해야 한다. 뚜렷한 목표 없이 부동산 현장에 나갔다가는 주변의 말에 휘둘리기 쉽다.

　종종 강의를 들은 수강생들이나 지인들이 내 집 마련을 위한 상담을 요청할 때가 있다. 상담 요청을 받고 그들 앞에 서면 그들은 모든 것을 다 아는 전능자라도 만난 듯 나를 빤히 쳐다본다.

　"현재 저는 대출이 있는 전용면적 60㎡(18평) 아파트에서 네 식구가 살고 있습니다. 85㎡(25평)로 이사하고 싶어요. 이왕이면 서울 근교로요."

"알겠어요. 당신이 살 집은 바로 여기에요."

와우, 역시 고수는 다르다고 감탄하는 장면은 생기지 않을 것이다. 나 아닌 어떤 고수도 그럴 수는 없다. 왜냐하면, 집을 구하는 목적이 각자의 사정에 따라 다르기 때문이다. 집의 목적을 분명히 하려면 다음 두 가지 질문은 필수다.

첫째, 당신(결혼했다면 배우자도 포함)의 직장은 어디인가?
둘째, 육아를 도와줄 친정이나 시댁이 있는가? 있다면 지역은 어디인가?

이 두 질문의 답에 따라 내용은 달라진다. 만약 직장 생활을 하고 있다면 첫 번째 질문이 중요하다. 반면 아기가 있거나 2세 계획이 있는 부부라면 두 번째 질문이 중요하다. 서울 수도권은 매우 크고 복잡하다. 그렇다고 걱정할 필요는 없다. 아무리 크고 복잡해도 가이드라인을 세울 수 있기 때문이다. 각자의 기준이 가이드라인의 기초다.

가족의 목표를 정했는가? 그렇다면 흔들리지 않을 기준을 정하라. 그러면 당신에게 적합한 지역이 보일 것이다. 그다음 자금과 지역 선호도에 따라 범위를 좁혀라. 이것이 내 집 마련의 시작이다.

첫 번째 조건부터 살펴보자. 직장 근처에 집을 구하는 것이 목적이다. 그게 여의치 않다면 직장 출퇴근이 편리한 지역에 집을 구해야 한다. 신혼이고 맞벌이를 하는데 직장이 서로 다른 지역에 있다면 보통 두 사람의 직장 중간쯤으로 집을 구한다. 서울에 사는 맞벌이 신혼부부의 예를 들어보자. 남편 직장이 강남역이고 아내 직장이 여의도라면 어디에 신혼집을 구하는 것이 좋을까? 이런 경우 대부분은 중간 지점인 동작구에 신혼집을 장만하는 걸 염두에 둔다.

아기가 생기면 어떻게 해야 할까? 아기를 돌봐줄 사람과 함께 살지 못한다면 친정집이나 시댁 근처로 이사를 고려할 것이다. 요즘은 육아와 직장을 병행하는 경우가 많다. 우리나라 워킹 맘 세 명 중 한 명이 아이 양육에 양가 부모의 도움을 받고 있다. 특히 아기가 어린 20~30대 워킹 맘 50%는 부모의 도움이 절대적이라고 한다.

부동산 현장조사를 하다 보면 2년 살다가 다른 지역으로 이사하는 신혼부부를 종종 본다. 이사를 하는 이유는 크게 두 가지다. 전세 만기 2년이 된 경우와 아기가 태어난 경우다. 아기가 태어나면 짐이 늘어나서 현재 살고 있는 집은 좁을 수밖에 없으니 이사를 생각한다. 또 아기를 돌봐줄 가족이 함께 살지 못하거나 주변에 없는 경우도 육아를 위해서 이사해야 한다.

이사를 해본 경험이 있는 이들은 알 것이다. 얼마나 많은 비용과 시간을 들여야 하는지. 게다가 정신적 스트레스도 상당하다. 구체적이고 세밀하지 않은 기준으로 집을 마련하면 여러 번 이사해야 한다. 왜 많은 비용과 시간에 신경을 쓰는가? 집을 구하기 전에 다양한 경우의 수를 생각하는 습관을 지녀라. 그러면 정신과 몸이 한결 편안해질 것이다.

집을 볼 때는 큰 관점에서 생각하는 게 중요하다. 목적에 맞는 지역을 결정하는 일은 예쁜 주방 싱크대를 고르는 일보다 훨씬 가치 있다. '스드메'라는 말이 있다. 스튜디오, 드레스, 메이크업의 준말이다. 예비부부가 신경 쓰는 중요 요소들이다. 이런 것들에 집중하다 보면 정작 중요한 신혼집을 구하는 데는 충분한 시간을 쓰지 못한다. 결혼식도 중요하지만 한 번 정하면 최소 몇 년은 살아갈 둘만의 보금자리는 더 중요하다.

안성맞춤 보금자리를 찾기란 쉽지 않다. 제대로 공부하지 않았다면 당신의 지식은 귀동냥이 전부일 것이다. 주변의 말에 의존해서 제2의 인생을 시작할 보금자리를 대충 둘러보고 결정하는 일만은 피하자.

맹자는 "거처하는 곳은 기(氣)를 변화시킨다."라고 했다. 그래서 옛사람들은 사람의 마음과 성격은 집에 영향을 받는다고 믿었다. 쾌적한 공간에 거하면 몸과 마음이 맑아진다. 몸과 마음이 맑아지면 하는 일에도 영향을 미쳐 순조롭게 풀린다. 앞으로 남은 당신의 인생과 가족의 미래를 생각하자. 조급한 선택은 절대 금물이다.

전철역에서부터 반경 800m 원 안에서 찾아라

집의 목적을 정했다면 이제는 실전으로 들어가 현장조사를 할 때다. 서울 중심부에서 외곽으로 멀어질수록 집값이 싸다. 본인의 자금에 맞게 그다음 대안 지역으로 조금씩 이동하면서 파악해간다. 출퇴근할 때 전철을 주로 이용한다면, 외곽으로 이동할 전철역 라인을 따라가면 된다.

예를 들면 여의도가 직장이고 서울 서쪽이 생활권이라면 전철 9호선 라인을 따라간다. 이 현장조사에서는 여의도 주변 아파트 가격을 파악하는 게 첫 단계다. 그런 후 당산역, 선유도역, 신목동역, 염창역, 등촌역, 증미역, 가양역 순으로 전철 9호선 라인을 따라 서울 중심에서 외곽으로 나가면서 역 주변의 아파트 가격을 조사한다.

먼저 전철역이 있는 지도를 프린트해서 전철역을 중심으로 반경 800m를 표시해 원을 그린다. 그곳이 '집중 조사지역'이다. 800m는 일반적으로 걸어서 전철역에 갈 수 있는 최대치 거리다. 걸어서 이동할 수 있는 지역이 우선이지만 만약 그것이 어렵다면 그 이상도 파악해둔다. 이때 버스 환승 등을 이용하는 데 걸리는 시간을 고려해야 한다. 전철역에서 멀어질수록 시간과 비용이 추가된다. 그러나 집 가격이 아주 싸다면 고려해볼 만하다.

입지 찾기 모형 – 전철역을 기준으로 800m 원 그리기

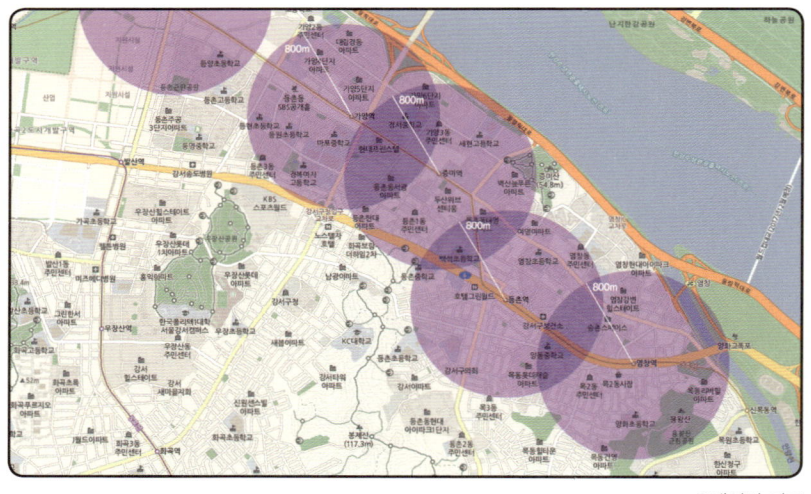

ⓒ네이버 지도

직장 출퇴근이 우선인 사람들을 위한 어드바이스

직장과 집이 가까우면 우선 출퇴근 스트레스에 덜 시달린다. 직장과 집이 가까운 근거리에 접근해 있는 것을 '직주근접(職住近接)'이라고 한다. 맞벌이 부부가 하루 두 번씩 총 네 번 이용하는 출퇴근은 현실적으로 가장 먼저 고려해야 할 사항이다.

집 현관문에서 회사 출입문까지(door to door), 아침 출근길이 한 시간 30분이 넘어간다면 그 집은 당신에게 적당한 곳이 아니다. 디근자 싱크대에 드레스 룸까지 갖추고 주차장까지 넉넉한 새 아파트라고 해도 잘못된 선택이다. 출퇴근 시간은 편도 최대 한 시간 이내의 집을 구하는 것이 현명한 선택이다. 하지만 현실은 그렇지 않다. 실제로 서울, 경기도, 인천을 포함한 서울 수도권은 굉장히 넓은 지역이기 때문에 출퇴근길이 편도 2시간이 넘는 경우도 많다.

"전라도 광주에서는 그렇게 시간이 걸리면 회사를 관둬요. 광주는 끝에서 끝까지 차로 30분이거든요."

지방에 있는 지인들은 출퇴근길이 어떻게 30분을 넘을 수가 있느냐고 반문한다. 출퇴근 시간이 30분이라니. 서울 수도권에서 사는 이들에게는 참 부러운 이야기다. 서울, 경기도, 인천까지 포함한 서울 수도권은 출퇴근 시간에 차가 굉장히 많이 막힌다. 교통지옥이 따로 없다.

비 오는 아침, 일산에서 강남까지 차를 몰아본 적이 있는가? 두 시간 내외가 걸린다. 왕복 네 시간이면 하루 6분의 1을 길에 버리는 셈이다. 네 시간이 걸려도 편안했다면 상관이 없다. 하지만 출퇴근길에 얼마나 많은 에너지를 소모해야 하는지 경험해본 직장인이라면 잘 알 것이다. 파김치가 되어 집과 회사를 오가는 것은 물론 시간과 교통비까지 낭비한다.

서울 수도권 평균 한 시간 36분. 2014년 취업자의 평일 업무 관련 이동 시간이다. 최근 통계청이 발표한 '한국인의 생활시간 변화상'을 보면 서울 수도권 직장인들의 출퇴근 시간이 25분 더 늘어났다. 길에다 귀중한 시간과 돈을 마구 뿌리는 셈이다.

집에 관심을 두기 전 나는 경기도 고양시에 살았다. 그곳에서 서울 강남에 있는 회사로 출퇴근했다. 전철과 마을버스를 몇 번씩 갈아타고 강남까지 출근하면 보통 두 시간씩 걸렸다. 스트레스, 스트레스……. 왕복 네 시간 걸리는 출퇴근 시간은 회사 업무보다 더한 고통이었다.

가끔 야근하고 자정쯤 택시를 타면 퇴근길 시달림에서 벗어날 수 있었다. 늦은 시각엔 강변북로와 자유로를 이용하면 퇴근길 30분을 만끽할 수 있었다. 수도권은 신호등이 없는 자동차 전용도로가 잘 되어 있다. 그래서 차 없는 시간을 이용하면 막힘없이 먼 거리를 수월하게 다닐 수 있다. 그러나 교통 혼잡을 피하려고 매일 새벽같이 출근하고 자정에 들어갈 수는 없는 노릇이다. 제시간에 회사에 가려면 대중교통을 이용할 수 있는 곳에 집이 있는 것이 좋다.

그러니 되도록 전철역에 가까운 집을 공략하라. 회사를 옮기기 쉽지 않은 현실에서 교통이 편리한 곳의 주택 입지는 중요할 수밖에 없다. 그렇다면 출퇴근 교통체증은 언제 확인할 수 있을까? 바로 평일 출퇴근 시간이다.

집을 보러 부동산에 언제 가게 되는지 생각해보라. 아마도 주말이나 한가한 평일 낮을 이용할 것이다. 그러면 출근길 실제 상황을 살필 수 없다. 집을 구할 때는 평일 출퇴근 시간을 반드시 생각해야 한다. 또한 출퇴근 시간의 전철 배차 간격도 불편함이 없는지 확인해야 한다.

　서울에서 각종 기업체가 집중적으로 몰려 있는 곳은 어디일까? 강남, 여의도, 서울 시청 근방이다. 서울 3대 업무지구로 불리는 이곳은 직장인들이 가장 많이 출퇴근하는 곳이다. 직장인이 가장 선호하는 주거지역도 바로 이 서울 3대 업무지구 인근이다.

　하지만 서울 시내 업무지구가 밀집된 곳은 집값이 매우 비싸다. 게다가 집중 업무지구는 오피스 빌딩 위주로 되어 있어 아파트, 주택 등 주거지역이 많지 않다. 따라서 주거에 필요한 학교, 마트, 병원 등 편의시설이 부족하다. 이런 곳은 주거지역으로는 적합하지 않다. 따라서 주변 지역 중에서 집중 업무지구와 교통이 편리하게 연결되는 지역을 중심으로 살

'서울 3대 업무지구' 붉은색 부분 – 강남, 여의도, 시청 근방

펴보는 게 좋다.

먼저 서울 시내 집중 업무지구를 생각한다면 전철 2호선 라인을 잘 봐야 한다. 서울 3대 업무지구를 걸쳐 순환하는 핵심 노선이기 때문이다. 최근 전철 9호선과 7호선, 경의·중앙선, 인천공항철도 노선의 중요성이 높아지고 있다. 특히 전철 2호선 라인은 버스 환승과도 연계하여 공부해 두자. '수도권 통합 교통 시스템'을 이해하는 것이 도움되는데 이때도 명심할 점은 버스와 연계되어 환승되는 전철 2호선이 서울, 수도권 대중교통의 핵심축이라는 사실이다.

강남이 직장일 경우 전철 2호선 라인 근처에 집을 구할 수 없다면 어디가 좋을까? 우선 경기도 안양시에 있는 평촌을 예로 들어보자. 평촌에서 강남까지 빨리 가면 얼마 만에 갈 수 있을까? 약 40분이다. 말도 안 된다고 하겠지만, 전철을 타면 가능한 이야기다.

평촌역에서 전철을 탈 때, 한 정거장 이동 시간을 3분으로 잡으면 평촌에서 사당까지 여덟 정거장이니 24분이다. 사당에서 강남까지 네 정거장이다. 방배, 서초, 교대, 강남 구간은 거리가 짧아서 한 정거장 이동시간이 2분 걸려 8분이면 충분하다. 전철을 타고 이동하는 시간은 35분, 환승하는 데 걸리는 시간 5분을 포함하면 도합 40분이다.

또 다른 예를 들어보자. 인천광역시 계양구에서 강남 논현까지 가장 빠르게 가는 방법으로 무엇이 있을까? 계양역 → 김포공항역(9호선 급행) → 신논현역으로 40분이면 이동할 수 있다. 대중교통편을 많이 알고 있을수록 집을 구할 때 큰 자산이 된다. 대중교통이 편리한 집은 집값 상승의 중요 요소가 된다.

 이런 점을 고려한다면 살 집을 구할 때 서울만 고집할 게 아니라 서울을 포함한 수도권 전체를 두고 고르는 것도 현명한 방법이다. 이때도 핵심은 서울 중심 업무지구에 대한 접근성이다. 국토연구원에서 최근 3년간 서울을 빠져나간 서울 주민들의 이사 경로를 분석했다. 예상대로 서울에서 가장 많이 이사한 곳은 경기도다. 추이를 보면 다음 그림과 같다.

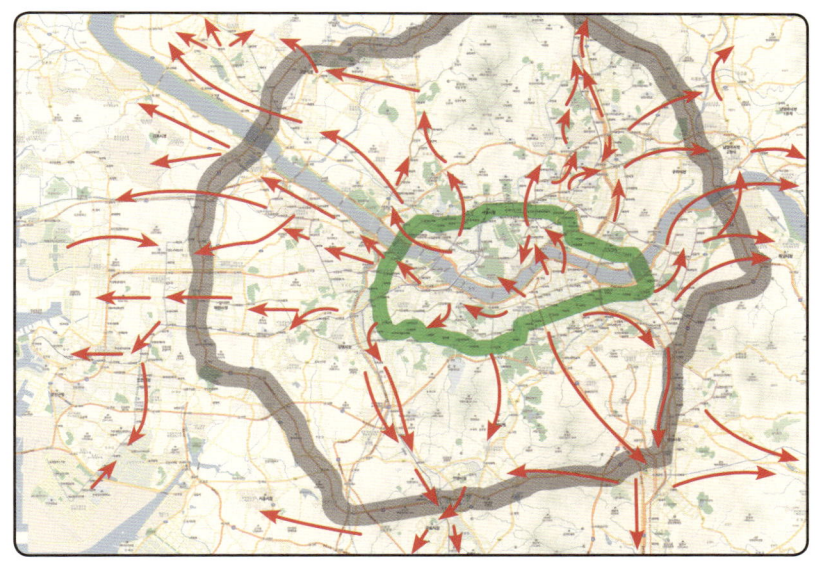

서울, 수도권 전셋값 상승에 떠밀려 이사하는 이동경로.©네이버 지도

 은평구에서 고양시로, 노원구에서 남양주로, 중랑구에서 남양주로, 강동구에서 하남시로, 강서구에서 김포시로 빠져나가는 경우가 많다. 즉 서울과 맞닿아 있는 경기도로 이사한 것이다.

부동산 현장에서도 이와 같은 상황을 많이 접한다. 전셋값 급등으로 자금 여력이 부족한 사람들이 수도권 외곽으로, 기존 외곽에서 더 외곽으로 이사하고 있다. 서울 중심부에서 외곽으로 멀어질수록 집값은 싸다. 내 집을 꼭 서울 중심부에 둘 필요는 없다. 자금이 맞지 않는다면 다음 대안을 마련하는 것이다. 지역을 조금씩 이동해보면 선택의 폭이 넓어진다. 그러나 엉뚱한 곳으로 벗어나지 말고 전철 라인을 따라 움직여야 한다.

전철 노선이 닿는 지역이라면 서울을 벗어나도 출퇴근 시간이 많이 늘지는 않는다. 예를 들면 최근 신흥 거주 지역으로 떠오르고 있는 경기도 구리시, 남양주시, 하남시, 부천시 지역은 예전에 서울 접근성이 떨어져 인기가 낮았다. 하지만 전철 연장 등 교통 편의성 증대를 기회로 사람들의 관심을 받기 시작했다.

남양주시를 예로 들면 2022년 전철 8호선 연장선인 별내선이 개통될 계획이다. 남양주시에서 서울 잠실까지 30분대에 이동할 수 있다. 하남시도 마찬가지다. 2018년부터 전철 5호선 연장선이 차례로 서울 상일-미사-하남 창우동까지 개통될 계획이다.

이 지역들은 아직 서울보다 집값이 낮아 서울 전세금으로 내 집을 마련할 수 있다. 예를 들어 구리시 아파트 평균 매매가가 3.3㎡(1평)당 1,125만 원 수준이다. 서울 강동구 전세금 3.3㎡(1평)당 1,129만 원보다 싸다. 서울 수도권 교통의 흐름을 알게 되면 생각지도 못했던 지역을 발견할 수 있다. 서울, 수도권 전체를 조감하며 넓게 보고 크게 생각하자.

육아와 교육을 우선으로 하는 사람들을 위한 어드바이스

출퇴근 교통 다음으로 중요한 기준이 육아다. 집을 고를 때 자녀 교육을 최우선으로 두는 부부가 점점 느는 추세다. 이런 수요를 반영하기 위해서인지 아파트 환경도 변하고 있다. 새로 짓는 아파트에는 과거 형식적인 놀이터에서 탈피해 아이들만을 위한 특별한 공간이 많다. 단지 내 유치원은 기본이고, 실·내외 놀이터, 키즈카페, 맘스카페, 심지어 아이들을 위한 미니 워터파크까지 생겼다. 이런 시설을 잘 갖춘 아파트들이 많다. 자녀를 생각해서 좋은 환경의 아파트 대단지로 이주한 사람들의 생활 만족도를 조사한 결과를 보면 다른 지역에 비해 만족도가 월등히 높다.

한 번은 아파트 내 미니 워터파크에 카누가 다니는 것을 보고 깜짝 놀란 적이 있다. 놀이터 둘레를 물길로 만들어 카누를 다니게 한 것이다. 보고도 믿기지 않았다. 아파트 환경은 해를 거듭할수록 발전하고 있다.

하지만 아파트 환경이 좋다고 무턱대고 살 수는 없다. 현명한 선택이 필요하다. 자녀의 나이에 따라 주거 환경을 살피는 것이 필요하다. 자녀의 나이가 어리다면 육아를 도와줄 가족의 거주지를 우선으로 고려해야 한다. 양가 부모 중 어느 분의 도움을 받을 수 있는지를 알아보고, 양가 다 도와줄 수 없다면 육아 전담 도우미를 구하는 것도 생각해야 한다.

이때도 지도 활용은 필수다. 지도를 보면서 항상 표시하는 습관을 들여야 한다. 지도를 펼쳐놓고 육아를 도와줄 수 있는 가족 거주지를 중심으로 원을 그린다. 그런 다음 직장의 위치를 표시한다.

공통으로 겹치는 부분이 보이는가? 두 구역이 모두 겹치는 지점도 좋겠지만, 육아를 고려한 반경이기 때문에, 육아가 편한 곳을 우선으로 선택하는 것이 좋다. 그러나 직장이 너무 멀면 출퇴근 시간이 길어지기 때문에 힘들어질 것이다. 출퇴근길에 지쳐 이런 생각을 하게 될지도 모른다.

'차라리 일주일에 며칠은 엄마네 집에 아이를 맡길까?'

다시 지도를 보고 표시한 원을 자세히 들여다보라. 반드시 적당한 곳을 찾을 수 있다. 아이를 최우선으로 생각하고 집을 고르기로 작정했다면 다른 조건은 양보하도록 한다. 부모라면 누구나 아이가 안전하게 자라길 바랄 것이다. 유치원을 졸업했다고 해도 초등학생은 아직 어리다. 그러니 등·하굣길이 걱정될 수밖에 없다. 어느 부모나 되도록이면 찻길을 건너지 않고 학교를 가길 바랄 것이다. 그래서 단지 내에 초등학교가 있는 아파트는 조금 더 비싸다.

아이들이 안전하게 다닐 수 있는 지역은 늘 인기가 많다. 한번 초등학교에 입학하면 졸업할 때까지 거주하고 있는 곳을 떠나기도 어렵다. 육아와 교육을 함께 고려한다면 한 지역에서 오랫동안 살 집을 꼼꼼하게 살펴보고 구하는 것이 현명하다. 그래서 단지 내 초등학교가 있는 아파트를 추천한다. 게다가 아파트 단지 근처 상가에 여러 학원까지 있다면 금상첨화다.

아이가 초등학교를 졸업하고 중·고등학교에 들어갈 시기가 되면 학부모들은 집을 옮기는 문제로 또 한 번 고민한다. 맹자 어머니의 교육열에서 유래된 '맹모삼천지교(孟母三遷之敎)'라는 말을 들어봤을 것이다. 그렇다면 '신(新) 맹모삼천지교'라는 말을 들어봤는가? 우리나라의 교육열이

나날이 높아지자 학부모들을 맹자의 어머니에 빗대어 나온 말이다.

　교육에 관심이 높은 부모들은 강남 8학군에 자녀들을 입성시키기 위해 눈에 불을 켜고 집을 찾는다. 강남권 주변 아파트 가격은 서울의 다른 지역보다 두세 배 높다. 그러나 교육에 투자하는 것은 곧 자녀의 미래에 투자하는 것과 같다고 여기는 이들은 비싼 주거 비용을 감수한다. 교육 환경에 따른 시세 차이는 강남권만의 이야기는 아니다. 우리나라 맹자 어머니들은 어느 지역에나 분포해 있다. 그러니 교육 환경이 좋고 사람들이 선호하는 지역의 아파트 가격이 높을 수밖에 없다.

　교통을 중요하게 여기든 육아와 교육을 우선시하든 내 집 마련의 목표는 각자 처한 사정에 따라 다를 것이다. 하지만 공통점은 가족의 최종 목적에 맞춰 집을 마련해야 한다는 것이다. 집을 처음 구하는 사람들은 목적과 기준에 맞추기보다 인테리어가 예쁜 집에 빠지는 경우가 많다. 집은 구성원이 함께 성장하며 생활하는 곳이다. 동화 속 예쁜 집이 아니라 가족이 모두가 편안하고 편리한 집을 찾아야 한다.

　그럼 지금부터 본격적으로 내 집을 찾는 여행을 떠나보자. 다음에 소개하는 곳들을 잘 보면 내 집은 물론 앞으로 당신이 재테크 할 수 있는 집까지 찾을 수 있다. 여행지는 서울 수도권 지역이다. 틀림없이 멋지고 신나는 여행이 될 것이다.

3장
서울 수도권 완전정복

08 서울 수도권을 공략해야 하는 이유

600여 년 전, 무학대사는 서울을 가리키며 이렇게 말했다.

"어허, 이곳을 수도로 잡기에는 너무 좁다."

인구수가 지금보다 훨씬 적은 600여 년 전에도 서울이 작다고 생각했는데, 지금 우리나라 인구수는 어떤가? 5,000만 명이 넘었다. 그중 반인 2,500만 명이 서울, 경기도, 인천에 산다. 포화 상태인 서울에서 내 집을 찾기란 여간 어려운 것이 아니다. 따라서 서울 접근성이 뛰어난 수도권 아파트를 주목해야 한다. 내가 왜 서울 수도권에 집중하게 되었는지 잠깐 내 이야기를 하려고 한다.

나는 2001년부터 부동산 재테크를 시작해서 올해(2016년)로 16년째 부동산 사업을 하고 있다. 지금은 부동산 관련 사업만 하지만 처음 시작할 때는 나도 평범한 월급쟁이였다. 직장인이 되면서 생활 형편이 나아졌지만, 학생 때까지는 경제적으로 쉽지 않은 생활을 했다. 아버지가 사업을 하다 크게 실패를 하신 뒤 넉넉하지 못한 학교생활을 보냈다. 매일 버스 네다섯 정거장 정도는 왕복으로 걸어 다니고, 학교 식당에서는 1,500원짜리 점심값도 아꼈다. 그래야 읽고 싶은 책이라도 한 권 살 수 있었다.

이후 학교를 졸업하고 직장 생활을 시작하면서 생애 처음 신용카드라는 것을 만들었다. 아껴 쓰기만 했던 지난날의 나에게 보상이라도 하듯 나는 신용카드를 마구 사용했다. 하지만 어느 순간 이러다가는 큰일 나겠다는 생각이 들었다.

무엇보다 미래에 대한 불안감을 떨쳐버릴 수가 없었다. 한 달을 겨우 지낼 수 있는 월급과 그 월급을 넘는 카드빚으로 생활할 수 있을까? 자신이 없었다. 아이가 무엇인가를 원할 때 돈 때문에 못 해준다면 그 마음이 어떨까? 나는 무능력한 부모가 되기 싫었다.

사업이 망하고 가족의 눈을 제대로 보지 못하시던 아버지 얼굴이 떠올랐다. 물론 사업이 망한 것이 전적으로 아버지만의 잘못은 아니었지만, 가족을 대하는 아버지의 얼굴을 잊을 수가 없었다. 가장의 무게. 이제 내가 그 무게를 느낄 차례였다. 하지만 그때 나는 아무런 준비도 되어 있지 않았다.

다행히 친척 중에 재테크에 밝은 분이 계셨다. 상당히 많은 부동산을 수십 년간 거래했기 때문에 현장을 잘 아는 분이었다. 나도 그분처럼 부자가 되고 싶었다. 더 이상 돈에 쪼들려 주변 눈치 보는 것도 싫었고, 남들이 취미 생활을 권하면 집에서 쉬는 것이 취미라고 거짓말하는 것도 싫었다. 나는 그분을 찾아갔다.

"적금을 부어서 1,000만 원을 모으면 어떻게 할까요?"

"우리나라는 인플레이션이 심해서 물가가 많이 오르니까, 사람들이 선호하는 아파트를 사야지."

아, 바로 이게 정답이구나. 그 후로 나는 신용카드를 모두 잘랐다. 그리고 다시 가난한 생활로 돌아갔다. 월급을 받으면 80% 이상 저축하며 허리띠를 졸라맸다. 그러나 언제 풀릴지 모르는 지난날의 가난과는 차원이 다른 가난이었다.

허리띠를 졸라매는 동안 나에게는 목표와 꿈이 생겼다. 저축한 돈 1,000만 원이 모이면 전세를 끼고 아파트를 한 채씩 샀다. 모은 종잣돈을 은행에만 맡겨놓는 것보다 큰 수익을 가져다줄 것으로 생각했기 때문이다. 그 당시 고양시 덕양구에 살았던 나는 집 근처의 아파트를 한 채씩 샀다. 내 집뿐만 아니라 주변 친·인척, 지인들이 집을 마련할 때도 따라다니며 도와주었다.

지난 16년간 나는 서울, 경기, 인천 등 수도권 지역 주택만 구입했다. 지방에 있는 집은 사본 적이 없다. 내가 태어나고 자란 곳이 서울 수도권이다 보니, 내가 잘 아는 지역에만 관심을 두었다. 서울 수도권은 워낙 넓으므로 내가 잘 모르는 곳은 직접 이사해서 살아보았다. 집만 사놓고 세입자가 들어오기만을 기다리고 싶지 않았다. 진짜 살 만한 동네인지, 사는 데 무엇이 편하고 무엇이 불편한지 직접 느끼고 확인하고 싶었다.

나는 한 지역에서 몇 년 정도 살았다 싶으면 이사 준비를 했다. 그리고 내가 알지 못하는 낯선 지역을 탐방하러 또 이사를 했다. 어떤 지역이든 이사해서 살아보면 단순히 임장 다니며 눈으로 보는 것과 전혀 다르다는 것을 알 수 있다.

서울 수도권을 이사다니면서 느낀 것은 지역마다 개성이 있고 색깔이 분명하다는 것이다. 그래서 매번 하는 이사를 번거롭게 생각하지 않는다. 그보다는 해외여행을 하듯 즐긴다. 요즘 해외여행은 단기 여행이 아니라 한 나라 한 도시에서 장기간 살아보는 게 유행이라고 한다. 하루이틀 머무는 정도로 그 지역을 안다고 할 수 없지 않은가. 적어도 그곳에서 몇 달 이상을 살아봐야 내가 아는 지역이 되고, 그 지역과 관계를 형성할 수 있다.

부동산도 마찬가지다. 공인중개업소 사장을 따라서 몇 번 가본 동네와 몇 년 살아본 동네는 전혀 다르다. 포장지 같은 겉모습이 아니라 그 동네 사람들의 하루하루 삶이 다가온다. 각각의 지역마다 아침, 점심, 저녁, 그리고 주말 풍경은 물론 하늘과 공기마저 다르다. 오감을 세우면 이 모든 것이 느껴진다.

낯선 동네에 처음 이사했을 때는 적응하기가 무척 힘들다. 낯선 동네와 친해지기 위해 내가 취한 방법은 산책이었다. 동네를 한 바퀴 돌면서 약국, 은행, 빵집, 철물점, 문방구, 미용실, 우체국, 세탁소가 어디에 있는지 눈도장을 찍었다. 과일, 채소 등 신선한 식품을 싸게 파는 재래시장이 어디에 있는지, 공산품이 싼 대형 마트는 또 어디에 있는지도 알아뒀다.

언제나 새로운 것과 익숙해지려면 초반에 많은 수고로움이 따른다. 새로운 것을 마주하는 시간과 노력이 들어가는 것을 주저한다면 어느 분야에서든 성공할 수 없다. 고인 물은 썩는 법이다. 익숙하지 않다는 것은 불편함의 연속이다. 매번 새로 전입신고를 해야 하고 이사 비용도 남들보다 더 든다. 또한 인터넷, 도시가스 등도 새로 설치해야 하고 우편물 주소도 다시 다 옮겨야 한다. 무엇보다 새로운 이웃들과 친해질 마음의 준비를 해야 한다.

"안녕하세요? 옆집에 새로 이사 온 사람입니다."

나는 거울을 보고 인사말을 수십 번 연습했다. "안녕하세요?"를 말할 때는 목소리를 높일까, 낮출까? 날씨 이야기를 먼저 꺼내는 것이 좋을까, 내 이야기를 먼저 꺼내는 것이 좋을까? 내성적인 사람이라면 매번 새로운 이웃을 만나는 것은 곤혹일 것이다. 외향적인 사람에게도 스트레스이기는 마찬가지다.

"그러니까 왜 사서 고생을 하세요? 선생님처럼 공부한다고 낯선 곳으로 이사해서 살아보는 사람도 없어요."

힘이 들어도 어쩌겠는가. 이렇게 해야 내 마음이 놓이는 것을. 내가 계속 이사를 고집하는 가장 큰 이유는 낯선 곳이 점점 내 동네가 되어가는 과정이 좋기 때문이다. 그러다 결국 그곳이 내 생각의 중심이 된다. 내 생각의 중심이 이사 다니는 것이다. 세상을 바라보는 눈이 넓어지고, 사고가 확장된다.

이렇게 살아보면 부동산 재테크를 할 때 좋은 경험이 된다. 서울 수도권 곳곳에서 살아본 사람들은 비교 평가를 잘한다. 서울 수도권의 각 지역의 장단점과 가치 대비 가격을 자연스레 몸으로 익히기 때문이다. 이런 경험을 많이 해서인지 나는 내비게이션 없이도 서울 수도권 곳곳을 운전해서 갈 수 있다. 이것도 내가 서울 수도권을 여러 차례 이사 다니면서 얻은 자산이다.

'인간 내비게이션.'

친구가 붙여준 별명이다. 웬만한 서울 택시 기사가 길을 아는 수준이랄까? 그럴 수밖에 없다. 내 머릿속에는 상세하고 세밀한 서울 수도권 지도가 들어 있으니 말이다. 나는 최근에서야 23년 만에 고향인 서울로 돌아왔다. 영등포구 10년, 금천구 3년, 강북에서 1년, 고양시 10년, 안양시 3년, 분당 몇 개월, 인천시 3년, 기타 지역 몇 년, 이렇게 서울 수도권을 오르락내리락 이사 다니며 살았다.

최근 아내 명의로 서울시 송파구에 중형 아파트를 사준 후 그곳으로 이사했다. 처음 내 집을 장만했을 때만 해도 내가 부동산 사업을 이렇게 오랫동안 하리라고는 생각하지 못 했다. 게다가 아내에게 아파트를 선물하리라고는 상상도 못 했다. 그때를 생각하면 지금이 과연 현실인가 싶을 때가 있다. 하지만 나도 꼬마 아파트에서 시작했고 한 단계씩 해야 할 공부를 꾸준히 하며 순서를 밟아 여기까지 왔다.

서울 수도권 수요, 언제나 맑음   09

  우리나라 면적은 100,284㎢이다. 서울 605㎢, 경기도 10,173㎢, 인천 1,048㎢이다. 이 세 곳을 합한 총면적은 11,826㎢로 전 국토 면적의 11.8%다. 전 국토의 11.8% 면적에 2,503만 명이 살고 있다. (2015년 한국통계연감) 우리나라 전체 '인구밀도'는 세계적인 수준이다. 1㎢당 509명으로 인구 1천만 명 이상 국가 중 방글라데시(1,237명/㎢), 대만(649명/㎢)에 이어 세 번째 인구 조밀 국가다. (2015년 기준) 우리나라 총인구는 5,042만 명이고 전 국토의 11.8% 면적인 서울, 경기, 인천에 총인구의 절반이 거주하고 있다. (결과적으로 수도권에 인구는 초고밀도다)

  게다가 젊은이들은 오늘도 지방에서 서울 수도권으로 올라오고 있다. 지방에서 올라온 젊은이들에게 서울 수도권으로 온 이유를 물어보면 답은 의외로 간단하다.

  "좋은 대학도 다 서울에 있고, 좋은 직장도 다 서울에 있잖아요."

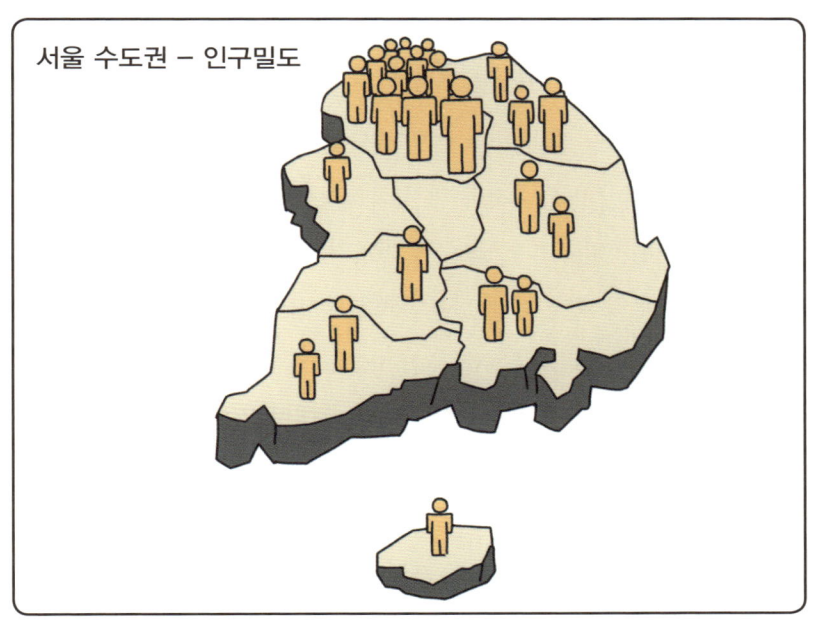

　좋은 대학을 나와야 좋은 직장에 취직해서 높은 연봉을 받을 수 있다는 불편한 현실. 그러니 지방의 젊은이들이 서울 수도권으로 계속 올 수밖에 없다. 대학 입학과 함께 팍팍하고 고단한 지방 청년들의 서울 수도권 살이가 시작된다. 그들은 높은 물가와 비싼 주거비에 놀란다. 대학 시절 지방에서 올라온 친구들이 고생하는 모습을 보면 안타까웠다.

　그 시절 나는 지방 사람들이 서울 수도권으로 올라오는 이유를 몰랐다. 아니, 그들에게 관심이 없었다. 그러니 그들을 부동산과 관계 짓는다는 것은 생각도 못 했다. 지방 사람들의 서울 수도권 유입이 부동산뿐만 아니라 우리나라 전체 경제와도 밀접한 관련이 있다는 것을 나중에야 알았다. 서울 수도권 집중화는 여전히 현재 진행형이다. 그리고 이런 집중화는 서울 수도권 주택 가격의 상승에 직접적인 영향을 준다.

반면 지방은 대부분 지역에서 인구 감소 현상이 나타나고 있다. 산업화 시대에 급성장했던 지방의 산업단지들은 현재 사정이 많이 달라졌다. 제조업 기반이 무너지자 점점 쇠락의 길을 걷고 있다. 특히 지방 중소 도시에서 청년층의 인구는 급격히 감소했다. 자연스럽게 출산율이 저조하다 보니 지방 소재 산부인과가 문을 닫고, 아이들이 없어 문을 닫는 학교가 늘고 있다는 암울한 뉴스도 들린다.

그러나 서울 수도권의 현실은 오히려 반대다. 점점 더 많은 사람이 몰리니 살 집이 부족하다. 인구 증가뿐만 아니라 점점 늘어나는 차들로 서울 수도권 출퇴근 교통은 한계치에 다다랐다. 내가 서울에서 경기도로 이사했던 1994년에는 경기도 인구가 600만 명을 조금 넘었다. 현재 2016년 경기도 인구는 1,250만 명을 넘어섰다. 20여 년 만에 두 배가 넘게 급증한 것이다.

지금도 해마다 경기도 유입 인구는 늘고 있다. 2014년 한 해 동안 경기도로 유입된 인구가 64만 7,000명, 유출된 인구가 55만 2,000명이었다. 그러니 한 해 10만 명 정도씩 경기도 인구는 계속 증가하는 것이다.

인구 증가는 가구 수 증가를 가져온다. 이들은 대부분 젊은 층이기 때문에 구매력도 높다. 아기를 낳고 키우니 자연스럽게 소비도 많다. 인구가 늘고 적극적으로 소비하는 사람이 많아질수록 다양한 경제적 파급 효과가 생긴다. 근처 상권이 살아나며 대형 마트와 백화점 등이 들어온다. 결국, 이러한 현상으로 일자리가 늘고 그 지역으로 또 새로운 사람들이 모이게 된다.

도시가 클수록 일자리 창출의 기회도 많다. 그런 면에서 주요 기업, 대학교, 문화시설 등이 모여 있는 서울 수도권은 지방 젊은이들에게 매력적인 도시일 수밖에 없다. 게다가 대중교통도 편리하다. 그들에게 서울 수도권은 일자리와 성장할 기회를 제공받을 수 있는 도시다.

도시도 사람이 모이면 모일수록 편리해진다. 예를 들어 쇼핑도 대도시의 거대한 복합 쇼핑몰을 이용하는 것이 시골 구판장보다 더 편리하다. 대형 쇼핑몰에서는 쇼핑은 물론이고 식사, 식료품 구매, 영화 관람, 레저까지 한 장소에서 해결할 수 있다. 최근에 문을 연 판교역 현대백화점 같은 경우 근처의 소비 구매력을 다 흡수하고 있다. 그 외에도 용산역 아이파크몰, 잠실역 롯데월드몰, 여의도역 IFC몰, 영등포역 타임스퀘어 같은 고밀도 압축 공간이 이제 쇼핑의 대세가 되었다.

콤팩트 시티(Compact City)라는 압축도시 개념이 요즘 세계적인 추세다. 초고층 건물 안에 첨단 주거시설, 사무 공간, 문화 체육시설을 집약해 놓았다. 네덜란드 제2의 도시 로테르담은 대표적인 콤팩트 시티로 꼽힌다.

로테르담은 콤팩트 시티로 도심 공동화 현상과 도시 외곽의 베드타운 문제를 해결해나갔다. 일본 정부도 2013년부터 다양한 세금 혜택을 통해 대도시 안에 주택, 직장, 쇼핑 편의시설들을 집중화하고 있다. 우리나라도 2011년 제4차 국토종합계획을 수정하여 도심 고밀도 개발을 통해 콤팩트 시티를 만드는 쪽으로 전략을 수정했다.

이제 서울 수도권의 대도시 집중화는 새로운 국면으로 접어들었다. 과거에는 서울 수도권 외곽으로 뻗어나가는 흐름이 도시 발전의 방향이었지만, 이제는 도심 고밀도 개발과 주택 공급의 증가로 인해 서울 수도권 안쪽으로 도시 발전 방향이 바뀌고 있다. 20세기에는 도시가 밖으로 팽창되는 시기였지만 21세기에는 안으로 압축되고 있다.

현대 자동차는 강남 삼성역에 115층 본사 사옥을 지을 계획이다. 삼성역은 향후 교통과 쇼핑의 중심축이 될 것이다. 123층 롯데월드타워가 들어선 잠실역과 함께 서울 콤팩트 시티의 두 개의 중심축이 될 가능성이 높다. 여전히 서울은 새롭게 변화하며 성장하고 있다. 서울 수도권의 수요는 언제나 맑다.

> **콤팩트 시티(Compact City)란?**
>
> 도시 중심부에 주거 및 상업 시설을 밀집시켜 시민이 교통수단을 이용하지 않고 걸어 다니며 생활할 수 있게 한 도시 모델이다. 압축 도시라고도 한다. 도심에서 주거, 사무, 쇼핑 등을 모두 해결할 수 있는 것이 특징이다. 도심 외곽에 자족 기능 없는 베드타운을 양산하는 것에 비해 도심 본래 기능을 최대한 살리는 것에 중점을 두었다. 인구 감소 시대를 대비하는 도시 모델로 주목받고 있다.

지도로 서울 수도권 한눈에 파악하기   10

서울은 분지로 주변이 산으로 둘러싸여 있다. 우리나라는 전체 면적의 70%가 산지 지형인데 서울을 포함한 수도권도 마찬가지다. 평야가 드물고 거의 산지 지형이다. 서울 한가운데를 기준으로 북서쪽인 고양시, 김포시, 부천시 쪽은 그나마 평지가 조금 있다. 북쪽은 북한산, 도봉산. 동쪽은 수락산, 불암산, 아차산. 남동쪽 남한산, 검단산. 남쪽은 우면산, 청계산, 관악산, 수리산. 서울은 온통 산이다. 이 산들이 병풍처럼 서울 전체를 감싸고 있다. 이뿐만이 아니다. 서울 안에도 경복궁을 중심으로 북악산, 인왕산, 남산, 안산 등 곳곳에 산이 자리 잡고 있다.

지형이 이러니 주택이나 도로를 놓을 면적이 넓지 않다. 집값은 치솟고, 교통은 막히고, 하루 두 번 서울 업무지구로의 출퇴근 시간은 '고난의 행군'일 수밖에 없다. 그러면 실수요자 입장에서는 어떤 기준으로 서울 수도권 어느 지역에 내 집 마련을 하는 것이 좋을까?

　서울 수도권에서 최적의 내 집을 찾으려면 반드시 지도와 친해져야 한다. 나는 10년 전만 해도 매년 지도책을 새로 샀다. 스마트폰이 없던 시절이라 지도책을 보면서 길을 익혔는데, 매년 새로 생긴 길이 개정된 지도책에 있었기 때문이다.

　지도는 내게 안내자와 같은 존재다. 해외여행을 갈 때 지도를 보면서 길을 확인하는 것과 같다. 하물며 인생에서 중요한 내 집을 마련하는데 지도를 안 봐서야 되겠는가. 지도책은 손에 늘 들고 다니는 스마트폰보다 10배는 더 중요하다.

　지도책을 볼 때는 교과서를 보듯 1페이지부터 마지막 페이지까지 꼼꼼하게 봐야 한다. 그래야 어느 지역이 어디와 연결되었는지 알 수 있다. 처음부터 끝까지 다 섭렵했다면 이제 당신이 원하는 지역을 펼쳐라. 그리고 발품으로 알아냈거나 인터넷 정보를 통해 알아낸 아파트 시세를 적어라. 이렇게 완성한 지도가 당신의 보물 1호가 될 시세지도

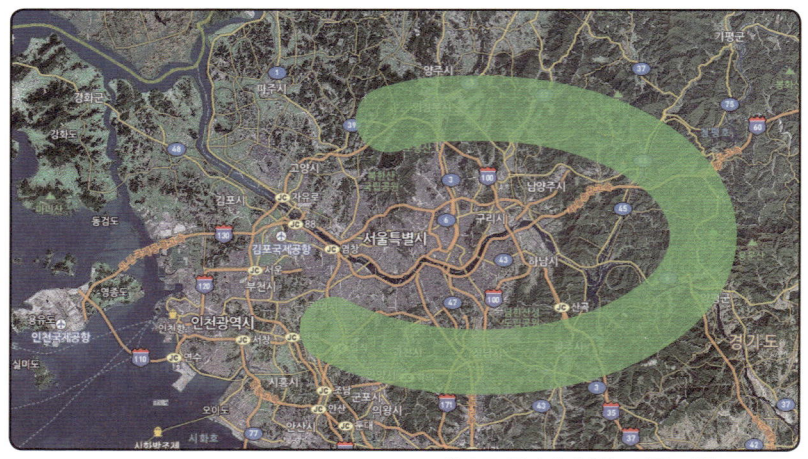

산으로 둘러싸여 있는 서울 지형. ⓒ네이버

다. 시세지도는 나중에 자세히 다루기로 하자.

지도책을 준비했다면 이번에는 서울 수도권 전역을 한눈에 파악할 수 있는 '서울·수도권 광역전철노선도'를 사야 한다. 벽에 붙여놓고 내 집이 어디 있을까, 보고 또 봐야 한다. 이 지도를 벽에 붙인 후 바로 할 일이 있다. 색이 다른 펜 두 개를 들고 하나는 서울 외곽순환 고속도로 라인을 따라, 다른 하나는 전철 2호선 라인을 따라 색칠하기다. 그리고 서울 수도권 전체 지도에서 한 발짝 떨어져 그려놓은 라인을 보라.

무엇이 보이는가? 두 개의 동그란 원이 마치 도넛 같지 않은가? 이제부터 당신은 도넛을 좋아하게 될 것이다. 왜냐하면 당신이 서울 수도권 전체 지도 안에 그려놓은 도넛 안에 그렇게도 찾아 헤맨 당신의 집이 있을 테니까.

내가 생각하는 부동산 공부는 종이 지도책을 펴서 시작하여 지도책을 덮음으로 끝나는 것이다. 하지만 요즘 부동산 공부를 하는 사람들 중에는 종이 지도를 사지도 않고 보지도 않는 이들이 꽤 있다. 지도보다 더 빨리 부동산을 익히는 방법은 없다. 나도 컴퓨터에 자료가 빵빵하게 있다. 지역별, 아파트별, 기타 등등으로 나눈 자료가 수만 개도 더 있다.

하지만 엑기스는 바로 지도책 안에 있다. 지도책은 잘 때도 항상 머리맡에 둔다. 자다가 꿈결에라도 무엇인가 생각나면 벌떡 일어나 지도책을 펼친다. 그리고 떠오른 것을 마구 적는다. 종이에 메모한 것을 붙이고, 포스트잇에 쓴 것도 붙인다. 지도책에 없는 정보는 인터넷에서 찾아서 프린트해서 붙인다. 내가 이렇게 하는 목적은 바로 지도책 한 권에 필요한 정보를 다 담기 위해서다. 정보를 여기저기 나누기보다 이렇게 한 권에 모아두면 원하는 것을 찾을 때 편하다.

여러 정보를 흩어놓지 마라. 자고로 학창 시절에도 공부 잘하는 친구는 한 권을 수십 번 팠고 공부와 거리가 있는 친구는 매번 새로운 문제집만 사다가 볼 일 다 봤다. 성적은 문제집 수와 비례하는 것이 아니라 공부의 질과 비례하는 것이다. 그러니 지도책을 종류별로 살 필요는 없다. 내가 필요한 지도책 한 권을 집중적으로 공략하면 된다.

[사례] 내가 산 꼬마 아파트 1

경기도 고양시 덕양구 행신동 788 소만마을 5단지 삼신 50×동 △△△호
: 전용면적 50.73㎡(15평)

2001년에 나는 살고 있던 고양시 행신동 가까운 곳에 꼬마 아파트를 샀다. 전용면적 50.73㎡(15평)로 방 두 개에 거실이 있는 구조였다. 신혼부부가 살고 있던 이 아파트를 나는 전세를 끼고 8,000만 원에 사들였다. 이제 와 생각해보면 왕초보였던 때인데, 어디서 그런 용기가 나왔는지 궁금하다. 이때 산 아파트는 안타깝게도 내 손을 떠났다. 1억 5,000만 원에 팔아버린 것이다.

그 당시에는 비과세 혜택이 있어서 이 아파트를 매도하면서 나는 7,000만 원이라는 차액을 쥐었다. 이런 수익을 내자 나는 우쭐해졌다. 나 자신을 제법 똑똑하다고 여겼다. 하지만 인생은 길게 놓고 보아야 한다는 걸 얼마 못 가 알았다. 그때 나는 아파트 한 채를 더 살 때는 가지고 있는 아파트를 팔아야 하는 줄 알았다. 안 팔면 큰일 나는 줄 알았다. 이 꼬마 아파트는 현재 KB부동산 매매 시세로 2억 1,250만 원이다.

지도 보는 것을 어느 정도 익혔는가? 이제 연습을 해보자. 지도를 앞에 놓고 일산을 찾아보자. 그리고 홍대입구역에서 일산 가는 방법을 말해 보라. 말할 수 있는가? 일산을 가려면 전철 2호선 홍대입구역에서 경의·중앙선을 타면 된다. 이렇게 가는 라인을 지도에서 찾아보는 것이다. 우리가 원하는 지역은 서울 수도권이니 지도에서 가장 잘 봐야 할 곳이 서울 수도권 전체다. (서울 수도권 전체 그림을 조감하는 능력을 익혀라.) 나무를 보기 전에 숲을 보자. 그리고 그다음에 지역을 하나씩 보는 법을 배워라.

도넛 공식 : 전철 2호선과 서울 외곽순환 고속도로   11

 나는 서울에서 나고 자란 서울 촌놈이다. 내가 기억하는 1970년대 서울은 굉장히 한적한 곳이었다. 여름이면 하얀 모래 백사장이 펼쳐진 한강 뚝섬유원지로 가족끼리 피서를 나갔다. 그리고 한강 물에 첨벙첨벙 들어가 수영을 했다. 1970년대 한강 물은 깨끗하고 모래사장도 드넓었다. 그때는 한강에 나룻배가 다녔다. 서울은 그렇게 여유 넘치는 곳이었다.

 1980년대 산업화를 거치며 지방의 많은 사람이 일자리를 찾아 서울로 올라왔다. 서울에 사람들이 많아지자 인구 집중으로 다양한 사회문제가 발생했다. 서울 생활의 가장 큰 문제는 주택난이었다. 연일 집값이 폭등했다. 1970년대 약 500만 명이던 서울 인구는 1990년대 이미 1,000만 명을 넘어섰다. 서울 인구가 20년 만에 두 배로 증가한 것이다. 그런데 놀랍게도 2016년 현재 서울 인구도 1,000만 명 내외다.

서울 인구 증가는 왜 멈추었을까?

여러 이유가 있겠지만 그중 하나가 서울 인구의 이동이다. 지방에서 서울로 사람들이 많이 몰려온 만큼 서울에서도 인구가 빠져나갔다. 현재도 서울 인구는 경기도와 인천으로 대거 이동 중이다. 나도 1994년 서울에서 경기도 고양시로 이사했다. 내가 경기도로 이사를 하였던 1990년대 초 경기도 인구는 600만 명 정도였다.

당시 경기도는 논밭이 대부분이었다. 현재 2016년 경기도 인구는 약 1,200만 명으로 두 배가 넘게 증가했다. 인천도 마찬가지다. 30년 전 150만 명이던 인천 인구는 현재 300만 명 정도다. 서울 인구는 정체되었는데 경기도와 인천 인구는 증가했다. 서울의 인구가 외곽인 경기도와 인천으로 대거 이동한 것이 원인이다. 이들의 이동 이유는 앞서 말했듯이, 서울의 치솟는 집값과 전셋값 때문이다.

현재 서울 인구(주민등록상)는 조금씩 줄었지만 '낮 시간 서울 유동인구'는 더욱 늘었다. 경기도와 인천에 거주하는 사람들이 서울로 출퇴근하기 때문이다. 서울에서 낮에 활동하던 인구가 밤이 되면 썰물처럼 빠져나간다. 회사가 밀집된 여의도나 종로 빌딩가는 평일 밤이나 주말에는 유령도시처럼 조용하다. 주말에 사람이 없으니 텅 빈 도심 빌딩 숲은 적막하기까지 하다. 반면 도심에 직장을 둔 사람들이 주택은 외곽에 구하는 일이 늘고 있다.

그렇다면 내 집 마련의 최대치(Maximum)는 어디까지일까? 서울 업무지구(서울 시청, 여의도) 직장인들을 기준으로 살펴보자. 그들에게 최대치는 서울 외곽순환 고속도로 근방까지다. 서울 외곽순환 고속도로는 서울 시청 기준으로 약 15~20km 반경에 건설되어 2007년, 전 구간이 개통되었다. 이 도로는 서울 주변을 원을 그리며 한 바퀴 순환한다. 총 길이는 127.5km다. 이 서울 외곽순환 고속도로까지가 서울로 출근하기 편리한 지역의 기준선이다. 특히 경기권에서 서울 시청 근처로 직장을 다니는 사람들에게는 가장 적합한 기준이다.

서울 외곽순환 고속도로 = 회색선, 전철 2호선 = 녹색선
1기 신도시 = 붉은색 지역

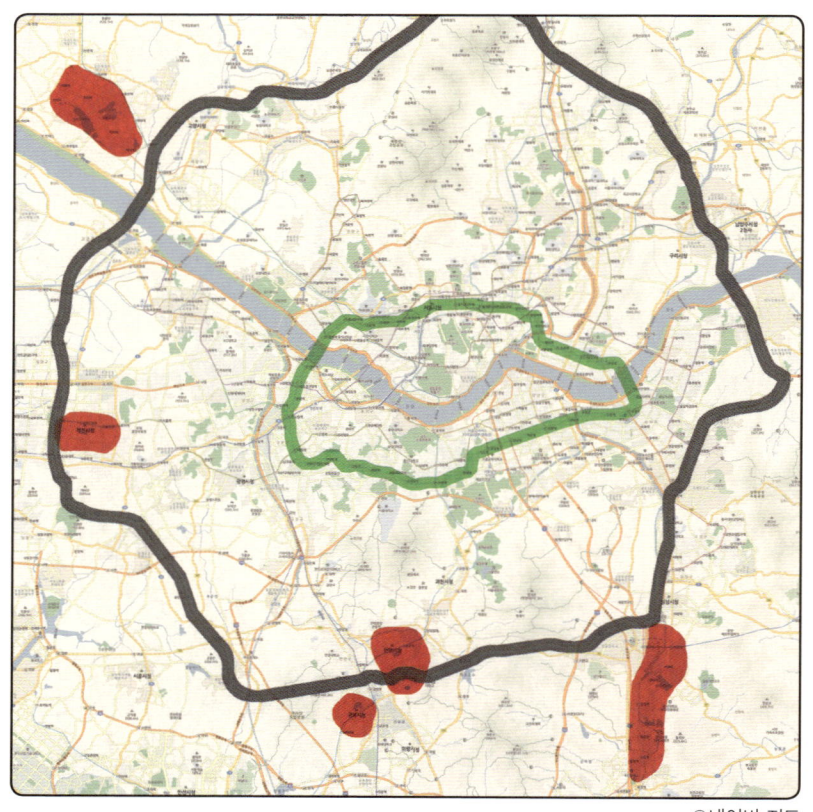

ⓒ네이버 지도

서울 외곽순환 고속도로 다음으로 중요하게 잡을 기준이 '전철 2호선'이다. 서울 안에서 서울 곳곳을 순환하는 전철 노선은 2호선밖에 없다. 게다가 전철 2호선은 서울 중요 업무지구인 강남역과 시청역을 직접 지나간다. 여의도 지역도 당산역, 영등포구청역에서 환승할 수 있어 접근성이 높다. 전철 2호선을 기준으로 접근성을 판단하면 된다.

서울을 전철 2호선 기준으로, 안쪽은 서울 중심이고 바깥쪽은 서울 외곽이라 생각하면 간단하다.

확장 서울

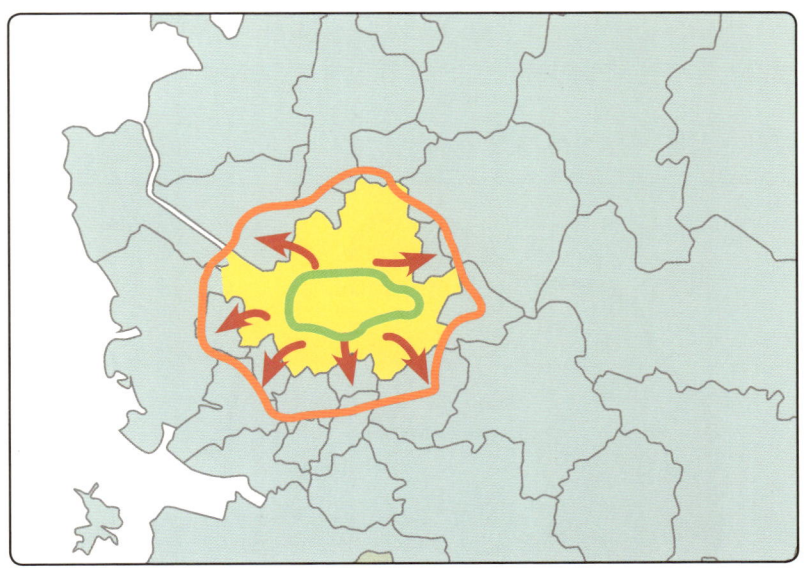

서울 수도권 전체 지도를 한 장 사서 지도에 전철 2호선 라인을 초록색 색연필로 칠해보자. 전철 2호선을 서울의 기준으로 잡고 시각화하는 것이 좋다. 나는 이 지도를 벽에 붙여놓고 지금도 매일 본다. 그러면

3장 서울 수도권 완전정복 | 89

서울 수도권 지역 전체가 조감되어 내가 원하는 지역의 입지가 명확하게 보인다.

　서울 외곽순환 고속도로와 전철 2호선을 서울 수도권 지도에 표시를 하면 두 개의 타원이 생긴다. 꼭 '도넛' 모양이다. 동그란 도넛의 가운데 구멍이 나 있는데 이 지역은 중요 지역이라 가격이 만만치 않다. 일반인들은 접근하기도 쉽지 않은 지역이다.

　그러면 도넛 바깥쪽은 어떨까? 중심에서 너무 먼 지역은 중요도가 많이 떨어진다. 그러므로 내 집을 선택할 때 제외하는 것이 좋다. 실제 맛있게 먹을 수 있는 '도넛' 부분만 보자. 내 집 마련을 위해 자신만의 맛있는 도넛을 만들어보자. 그리고 맛있게 먹으면 된다.

예시 – 서울 시청 기준 '도넛 공식'

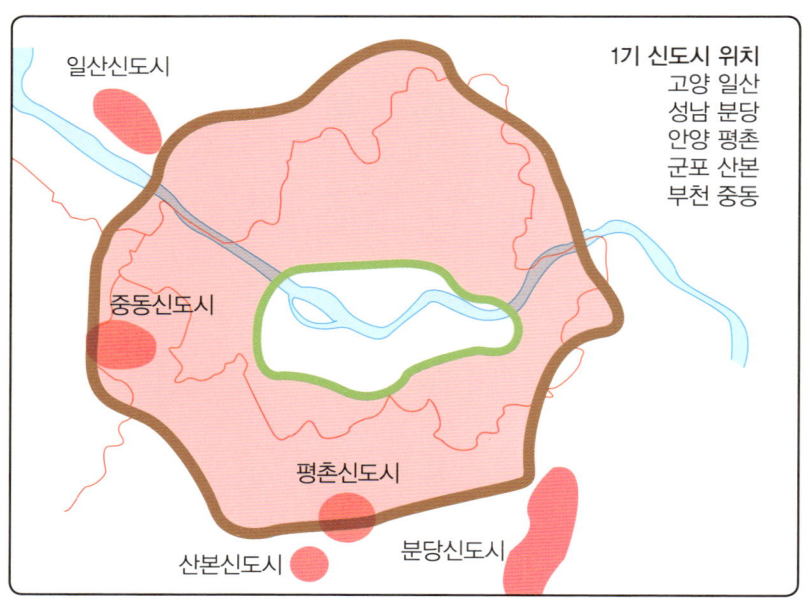

1990년대 초반, 서울 집값 폭등 문제가 심각해지자 정부에서는 서울 중심부터 약 15~20km 반경에 신도시를 만들었다. 그리고 이곳에 정책적으로 수십만 가구의 아파트를 집중적으로 건설했고 서울 주민들을 대거 이주시켰다.

이곳이 지금의 분당, 일산, 평촌, 산본, 중동 1기 신도시다. 1990년대 초반 폭등하던 서울 집값은 1기 신도시가 입주하기 시작하던 1990년대 중반 전후로 안정되었다. 지도를 보면 알겠지만 1기 신도시도 서울 외곽순환 고속도로에 전부 걸쳐 있다. 책상 앞에 이 지도를 붙여놓고 항상 보면서 내 집이 어디에 있을까 고민하는 게 내 집 찾기의 시작이다. 그럼 이 도넛 안에 내 집은 어디 있을까? 본격적으로 파헤쳐보자.

서울 수도권 꼬마아파트 핵심지역

여전히 뜨거운 도시, 서울

12

    서울 안에서 내 집 마련을 하고자 하는 사람은 서울 구석구석까지 다 돌아다녀 봐야 한다. 서울은 대중교통이 편리해서 서울의 외곽까지 갈 수 있으니 여기저기 편견 없이 돌아보는 것이 좋다. 포인트는 업무지구 기준선인 전철 2호선을 얼마나 빨리 만나는가다.

    서울에서 내 집 마련을 결정했다면 다른 곳보다 먼저 꼭 체크 해야 할 지역이 있다. 다음은 내가 16년 동안 발품을 열심히 팔아 분석하여 얻은 황금 같은 곳들이다. 서울 외 수도권 지역도 예외는 아니다. 그러니 두 눈을 크게 뜨고 자세히 보길 바란다.

    선정 기준은 가성비를 우선으로 삼았다. 물론 다음에 소개하는 지역보다 더 좋고 더 비싼 지역도 많다. 나도 여전히 못 가본 곳도 많다. 그래서 지금도 계속 연구하고 있다. 이 책에서 소개하는 지역은 당장 집을 구할 수 있을 만큼 현실적인 곳이다.

서울 핫플레이스

(1) 노원구

노원구(576,782명, 서울 인구통계 2016년 4/2분기 기준)는 서울에서 인구가 송파구(662,605명), 강서구(598,190명) 다음으로 많은 자치구다. 이곳은 1980년대 서울 최초 계획도시로 많은 중소형 아파트가 들어서면서 인구가 증가했다. 상계동, 중계동, 하계동 아파트 밀집 지역이 노원구의 중심이다. 이곳은 학교, 마트, 은행, 병원, 관공서 등 편의시설이 다 갖추어져 있어 주민들 만족도가 높다. 특히 노원구는 서울시에서 노인복지가 가장 우수한 지역으로 선정되기도 하였다.

이곳은 전철 7호선과 4호선을 이용할 수 있는데 전철 7호선을 이용하면 환승 없이 한 번에 강남 업무지구로 들어갈 수 있다. 그리고 전철 4호선을 이용하면 서울역, 동대문 강북 업무지구로의 출퇴근도 편리하다. 도로가 바둑판 모양으로 반듯하고 입지 자체도 대부분 평지다.

노원구 맹모들의 교육열은 강남 8학군 맹모들에게도 뒤지지 않아 강남구 대치동에 학원이 모여 있는 것처럼, 노원구 중계동 은행사거리에는 유명한 학원이 많이 있다. 따라서 이 지역 아파트 가격이 노원구에서 가장 높게 형성되어 있다.

근처 갈매지구(구리시), 별내지구(남양주시), 다산신도시(남양주시) 등이 입주를 앞두고 있어 노원구에서 경기권으로 이동하는 주택 수요가 많다. 서울 지역에서는 근처 지역 공급으로 가격이 조정될 때가 내 집 마련의 기회라고 생각하는 게 좋다.

노원구는 서울 둘레길 코스의 시작 지점이다. 수락산, 불암산, 중랑천, 당현천 등 산과 강으로 둘러싸여 서울에서 쾌적한 자연환경을 즐길 수 있는 곳 중 하나다. 흡사 강원도 펜션에 온 것 같은 맑은 공기와 산천 풍경은 도심에서는 누릴 수 없는 노원구만의 장점이라 할 수 있겠다. 반면, 아파트 노후화가 진행 중이며 서울 중심지로 향하는 도로 부족으로 상습 정체가 자주 발생하는 점은 해결해나가야 할 과제다.

아파트 매매가격(2016년 10월 기준 KB부동산 시세)은 3.3㎡당 1,128만 원 내외로 서울 아파트 매매가격 평균인 3.3㎡당 1,861만 원에 비해 가격이 저렴하며 2억 원 내외로 꼬마 아파트를 살 수 있다. 특히 전철 7호선 근방에 가격이 낮은 소형 평수가 집중되어 있다.

강남 업무지구 : 7호선 중계역 ▶ 논현역(강남) ▶ 평균 소요 시간 35분
강북 업무지구 : 4호선 노원역 ▶ 동대문역사문화공원역 ▶ 평균 소요 시간 25분

지역 대표 꼬마 아파트

● **노원구 중계동 502-1 중계그린아파트**

중계그린아파트는 전철 7호선 중계역 4번, 5번 출구 바로 앞에 있다. 이렇게 전철역과 아파트 단지가 코앞에 연결된 곳은 수도권에 많지 않다. 단지 내 중원초등학교가 있고 3,481세대 대단지다. 중계동 자체가 계획도시라서 대부분 평지며, 도로도 넓고 깨끗하다.

4장 서울 수도권 꼬마 아파트 핵심지역

[중계동]중계그린 정보			
단지명	중계그린	입주년월	1990.09
면적종류 (㎡)	[59.5A/39.78], [59.5B/39.91], [62.81/44.1], [72.72/49.85], [85.95/59.22]		
상세 주소	지번주소	서울특별시 노원구 중계동	
	도로명 주소	서울 노원구 동일로 1279(중계동)	
총 세대수	3,481세대	총 동수	25개 동
최고층수	15층	최저층수	10층
난방 방식	지역	난방연료	열병합
총 주차대수	1,903대	건설업체	도시개발공사
관리사무소	02) 971-1064		

면적별 시세			
면적㎡	매매가		
	하위 평균가	일반 평균가	상위 평균가
59.5A	18,750	20,000	21,250
59.5B	18,750	20,000	21,250
62.81	23,250	24,250	24,750
72.72	23,750	25,750	26,750
85.95	28,250	30,000	31,750

단지 바로 앞에는 중계그린공원, 홈플러스, 2001아울렛, CGV 등 편의시설이 잘 갖추어져 있다. 또한 서울 시립 북서울 미술관, 서울시 북부 여성발전센터도 단지 바로 앞에 있어 다양한 교육 강좌를 들을 수 있다. 시세는 공급면적/전용면적 기준으로 59.5㎡(18평)/39.78㎡(12평) 꼬마 아파트가 현재 2억 원 내외다. (2016년 10월 기준 KB부동산 시세)

(2) 도봉구

도봉구는 중랑천을 사이로 노원구와 마주하며 창동이 중심이다. 서울에서 가장 저렴하게 내 집 마련을 할 수 있는 곳이다. 서울 북쪽 끝으로 서울에서 가장 외진 지역이기 때문에 아파트 평균가격이 도봉구보다 더 낮은 지역은 서울에 없다.

도봉구 주택가는 평지에 있지만 대부분 빌라고 재개발 지역이 많다. 출퇴근을 고려해 전철 인근 위주로 보면 되는데 창동역 앞의 아파트 밀집지역을 추천한다. 창동역은 전철 1호선, 4호선을 이용할 수 있는 더블 역세권이다. 농협 하나로, 이마트뿐만 아니라 학교, 은행, 상가 등 다양한 편의시설이 있어 주민들의 만족도가 높다. 강북 지역 직장인들은 기회를 찾을 수 있을 것이다. 주변에 도봉산이 있어 주말과 평일 낮이면 등산객이 많이 찾아온다.

(3) 중랑구

전철 6호선과 경의·중앙선역을 이용하는 사람들이라면 중랑구에 관심을 가져볼 만하다. 전철 6호선으로 강북 업무지구에 출퇴근할 수 있고, 경의·중앙선을 이용해 왕십리역에서 분당선으로 환승하면 강남 업무지구 출퇴근도 편리하다. 근방에 최근 아파트 공급이 많다. 인근의 다산신도시, 별내지구, 갈매지구 등 많은 택지지구에 입주물량이 쏟아질 예정이라 중랑구 주택 가격이 계속 출렁일 것으로 예상한다. 따라서 중랑구 지역에서 이곳 신규 택지지구로 이주하면서 매매하고 빠지는 물건을 잡는 것이 유리하다. 주변 지역의 많은 공급은 가격 조정을 만들기 때문에 입지가 좋은 곳이라면 더없이 좋은 기회가 될 것이다.

예전부터 중랑구 망우리라고 하면 공동묘지부터 떠올렸다. 그런데 최근 몇 년간 공동묘지라는 스산한 이미지는 감쪽같이 사라졌다. 상봉

(망우역) 일대를 중심으로 롯데마트, 홈플러스, 이마트, 코스트코, 대형 패션쇼핑몰인 엔터식스 등이 들어서서 주거와 문화생활을 함께 즐길 수 있다.

주변 쇼핑몰과 맞물려 주상복합 아파트들도 앞을 다투어 주변 빌딩숲을 형성하고 있다. 이 지역은 중랑구의 다른 지역보다 아파트 가격이 비싼 편이라 차라리 신내동 일대의 아파트를 추천한다. 아파트 평균 매매가격은 3.3㎡(1평당) 1,135만 원으로 서울 아파트 매매가격 평균인 3.3㎡(1평당) 1,800만 원대보다 가격이 매우 저렴한 편이다.

지역 대표 꼬마 아파트

● **중랑구 신내동 657 신내 9단지 진흥아파트**

신내 9단지 진흥아파트는 전철 6호선 봉화산역 출구에서 약 400m거리에 있는 아파트로 1,315세대 대단지다. 1996년에 입주한 아파트인데 입지 대비 가격대가 저렴하다. 깨끗한 신도시 느낌으로 생활환경이 쾌적하다. 바로 앞에는 5년 전 서울의료원이 들어왔다. 아파트 단지 뒤편 봉화산에는 신내 근린공원과 봉화산 둘레길이 있어 산책하기 좋다. 단지 앞에는 홈플러스와 봉화산역 주변 근린상가가 있어 편리한 생활을 할 수 있다. 봉화산역은 전철 6호선 종점이며, 근처에 중랑차고지(버스 종점)가 있어 앉아서 갈 수 있는 장점도 있다. 시세는 공급면적/전용면적 기준으로 46.28㎡(14평)/33.18㎡(10평) 현재 1억 8,000만 원 내외다. (2016년 10월 기준 KB부동산 시세)

강남 업무지구 : 전철 6호선 봉화산역 ▶ 7호선 태릉입구역 환승 ▶ 논현역
(강남) – 평균 소요 시간 40분
강북 업무지구 : 전철 6호선 봉화산역 ▶ 2호선 신당역 환승 ▶ 을지로4가
역 – 평균 소요 시간 30분

ⓒ네이버 ⓒKB부동산 ⓒ한국거래소시스템즈 ⓒ한국감정원 ⓒ디자인넷

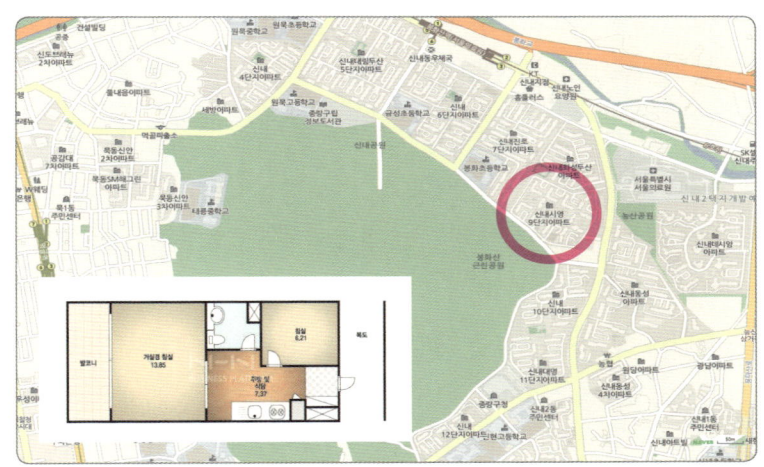

[신내동]신내(9단지) 정보

단지명		신내(9단지)	입주년월	1996.07.
면적종류 (㎡)		[46.28/33.18], [56.19/39.84], [72.72/49.82]		
상세 주소	지번주소	서울특별시 중랑구 신내동		
	도로명 주소	서울 중랑구 신내로 127(신내동)		
총 세대수	1,315세대		총 동수	12개 동
최고층수	15층		최저층수	11층
난방 방식	지역		난방연료	열병합
총 주차대수	1,315대		건설업체	진흥건설
관리사무소	02) 3421-1936			

면적별 시세

면적㎡	매매가		
	하위 평균가	일반 평균가	상위 평균가
46.28	16,500	18,000	18,500
56.19	18,750	21,000	21,750
72.72	24,000	26,000	27,000

(4) 송파구

송파구는 서울 25개 구 중 인구가 가장 많고 주거 만족도도 한동안 1위를 놓치지 않은 지역이다. 한강과 올림픽공원을 포함하여 자체적으로 공원이 많은 곳이며 지역 전체가 평지다. 전철 2호선 잠실역을 이용해서 강남 업무지구까지 접근성이 좋아(12분 내외) 직장인들이 선호하는 지역이다. 잠실역 전철 2호선 라인으로 신규 아파트가 2008년 전후 대규모(약 3만 가구)로 입주했다. 일명 '엘리트파'(엘스, 리센츠, 트리지움, 파크리오)라 불리는 이 지역 아파트는 송파구의 랜드마크를 이루면서 지역 아파트 가격을 이끌고 있다.

잠실역은 송파구의 중심지다. 전철 2호선과 8호선의 더블 역세권일 뿐만 아니라 경기도 광역버스의 회차 환승지점이다. 따라서 잠실역은 서울 동남쪽 교통의 큰 축을 담당한다. 많은 교통량에도 계획도시 면모를 지닌 송파구는 주요 도로가 타 지역과 비교하면 상대적으로 넉넉하게 잘 갖추어져 있다.

송파구는 워낙 가격이 높아 추천하기 힘든 지역이다. 그래도 가장 가격이 저렴한 쪽을 살펴보자면 거여동을 들 수 있다. 이곳은 다가구 주택이 많은 곳으로 재개발 지역이다. 5호선 거여역 앞에는 아파트 단지가 총 여섯 개로 구성되어 있는데 근처 나 홀로 아파트(소규모로 한두 동 지어진 아파트)까지 포함해서 5천여 세대의 거대 단지를 형성하고 있다. 예전에는 외진 지역이라 선호도가 떨어졌지만, 이제는 강남 주요 업무지역으로의 접근성이 좋아져 주목받고 있다. 초역세권 대단지로 근처 위례 신도시 입주와 함께 성장할 지역이다.

> 지역 대표 꼬마 아파트

● 송파구 거여동 290 거여 1단지 아파트

거여 1단지는 전철 5호선 거여역에서 직선거리 100m 정도로 가장 가까운 아파트 단지다. 1997년도에 입주했고 1,004세대 대단지 아파트다. 주변 재개발 지역 이주와 인근 위례 신도시 입주 여파로 가격 변동이 심한 지역이다. 시세는 공급면적/전용면적 기준으로 56.19㎡(17평)/39.6㎡(12평) 현재 2억 7,500만 원 내외다.

강남 업무지구 : 전철 5호선 거여역 ▶ 3호선 오금역 환승, 신분당선 양재역 환승 ▶ 강남역 – 평균 소요 시간 40분

강북 업무지구 : 전철 5호선 거여역 ▶ 을지로4가역 – 평균 소요 시간 40분

ⓒ네이버 ⓒKB부동산 ⓒ한국거래소시스템즈 ⓒ한국감정원 ⓒ디자인넷

[거여동]거여1단지(도시개발) 정보			
단지명	거여1단지(도시개발)	입주년월	1997.11
면적종류(㎡)	[56.19/39.6], [69.42/49.8], [82.64/59.73]		
상세 주소	지번주소	서울특별시 송파구 거여동	
	도로명 주소	서울 송파구 양산로8길 4(거여동)	
총 세대수	1,004세대	총 동수	6개 동
최고층수	12층	최저층수	8층
난방 방식	지역	난방연료	열병합
총 주차대수	1,004대	건설업체	미주건설
관리사무소	02) 431-8353		

면적별 시세			
면적㎡	매매가		
	하위 평균가	일반 평균가	상위 평균가
56.19	25,500	27,500	29,000
69.42	32,750	35,250	37,000
82.64	36,250	39,500	42,500

(5) 강동구

강동구는 이름에서 알 수 있듯이 한강의 최상류 동쪽에 위치한 지역이다. 아직 개발할 지역도 많고 공사가 진행 중인 곳도 많다. 전철 9호선 고덕강일지구 연장구간 확정으로 향후 강남 접근성이 좋아질 지역 중 한 곳이다.

둔촌동, 명일동, 상일동 등 대규모 재건축이 이루어지므로 조만간 서울에서 가장 큰 변화가 있을 곳이다. 3억 원대 내외로 꼬마 아파트를 살 수 있으며, 강남 업무지구 직장인들과 5호선을 이용하는 강북 업무지구 직장인들이 많이 산다.

지금은 성내동, 천호동, 둔촌동 쪽이 송파구와 맞닿아 있어 선호도가 높고 전철 이용이 편하다. 근처 하남 미사지구, 위례지구 대규모 입주 여파와 재건축 아파트의 이주로 주택 수요, 공급이 가장 롤러코스

터를 타는 지역이다. 가격 변동이 심한데 그만큼 변화가 많은 곳이라는 증거다.

주요 지역 입주 때마다 한 차례씩 폭풍이 휘몰아칠 텐데 기회를 잘 잡아야 한다. 강동구는 강남 지역에 속해 있어 시세가 상당히 비싼 편이다. 강동구 아파트 평균 매매가격은 3.3㎡(1평당) 2,000만 원대로 서울 아파트 매매가격 평균보다 조금 높다.

강동구에서 눈여겨 봐야 할 곳은 길동이다. 길동은 서울 동쪽 끝으로 다세대 주택이 밀집되어 있다. 길동 사거리 쪽 상업지역 외에는 주거지나 나 홀로 아파트가 주를 이룬다. 서울 외곽지역이라 바로 산지가 접해 있고 '길동 자연생태공원'이 있어 맑은 공기를 마시며 산책하기 좋다.

지역 대표 꼬마 아파트

● 강동구 길동 400 우성아파트

길동 우성아파트는 전철 5호선 길동역에서 약 270m 거리에 있는 아파트로 811세대의 대단지다. 우성아파트 바로 앞에 길동 초등학교가 있다. 인근 길동 시장은 서울에서 손꼽힐 정도로 활성화된 재래시장이다. 재래시장은 식료품을 저렴하게 살 수 있지만, 시장 특성상 시장 인근이 복잡하다는 단점도 있다. 따라서 길동 우성아파트는 장단점이 많은 아파트 단지다.

우성아파트 시세는 공급면적/전용면적 기준으로 52.89㎡(16평)/40.36㎡(12평) 현재 2억 5,500만 원 내외다.

- **강남 업무지구** : 전철 5호선 길동역 ▶ 7호선 군자역 환승 ▶ 논현역(강남)
  – 평균 소요 시간 30분
- **강북 업무지구** : 전철 5호선 길동역 ▶ 을지로4가역 – 평균 소요 시간 30분

ⓒ네이버 ⓒKB부동산 ⓒ한국거래소시스템즈 ⓒ한국감정원 ⓒ디자인넷

[길동]길동우성 정보

단지명	길동우성	입주년월	1994.10.
면적종류(㎡)	[52.89/40.36], [76.03/57.12], [102.47/84.75], [105.78/84.75]		
상세 주소	지번주소	서울특별시 강동구 길동	
	도로명 주소	서울 강동구 천호대로193길 37(길동)	
총 세대수	811세대	총 동수	6개 동
최고층수	18층	최저층수	12층
난방 방식	개별	난방연료	도시가스
총 주차대수	458대	건설업체	우성건설
관리사무소	02)471-2639		

면적별 시세

면적㎡	매매가		
	하위 평균가	일반 평균가	상위 평균가
52.89	24,000	25,500	26,500
76.03	32,500	36,250	37,250
102.47	40,000	46,000	47,000
105.78	40,000	46,000	47,000

(6) 강서구

강서구는 마곡 업무지구 입주와 함께 서울에서 가장 많이 변화할 지역이다. 수많은 기업이 마곡지구에 입주한다. 현재 마곡 업무지구 건설공사가 대규모로 진행 중이다. 이곳은 거의 도시 하나를 새로 만들고 있다고 해도 과언이 아니다.

기존에는 낙후지역이라는 이미지가 강했던 강서구가 전철 9호선 개통으로 여의도, 강남 접근성이 좋아졌고, 이제는 직주근접이 가능한 대규모 업무지구까지 들어오고 있다. 강서구는 여의도 직장인들과 강남 직장인들이 많이 사는 곳이다. 내발산동, 마곡지구 신규 아파트가 메인 지역으로 가격을 이끌고 있다.

강서구는 전철 9호선 라인과 인천공항철도 라인이 중심이다. 공항철도는 현재 김포공항역만 정차한다. 향후 마곡 도시개발 구역 완성 후 마곡나루역 정차와 함께 강서구의 전철 교통망이 완성될 것이다. 이후는 화곡동, 방화동 쪽 낙후 재개발 지역 신규 아파트 사업이 강서구의 다음 중요 사업이 될 것이다.

만약 전철 9호선을 이용하며 강서구에 관심이 있다면 가양동, 등촌동을 추천한다. 가양동, 등촌동은 도로도 바둑판 모양으로 반듯반듯하게 놓여 있다. 전철 9호선 라인인 가양동은 1990년대 들어선 대규모 계획지역으로 학교, 마트, 상가 등 편의시설이 잘 갖추어져 있다. 최근 들어 한강 건너 상암 DMC 직장인 수요도 이곳으로 몰린다. 가양동도 여의도 업무지구와 강남 업무지구를 향하는 전철 9호선을 이용하는 사람들이 많이 사는 곳이다. 또한, 가양대교를 이용해 한강을 건너면 바로 상암 DMC 업무지구까지 직선거리 4km 정도다.

전철 9호선 개통 이후 강서구는 교통이 획기적으로 좋아진 곳이다. 기존에 강서구에서 강남으로 출근하려면 전철 5호선을 타고 영등포구청역에서 전철 2호선으로 환승해야 했다. 시간은 최소 1시간 반이 걸렸다. 하지만 현재 전철 9호선 급행을 이용하면 가양역에서 신논현역까지 25분 만에 출퇴근할 수 있다. 출퇴근 시간이 3분의 1로 줄어든 것이다.

> **강남 업무지구** : 전철 9호선 가양역 ▶ 신논현역 (강남) – 평균 소요 시간 25분(급행)

(7) 금천구

금천구는 서울에서 도봉구 다음으로 아파트 가격이 저렴한 지역이다. 안양천변의 공장지대와 관악산 산지 지역으로 되어 있다. 이쪽은 보통 가산디지털단지, 구로디지털단지, 여의도 직장인들이 출퇴근 근접지역으로 선호한다. 관악산 산지 위에 많이 모여 있는 대규모 아파트 쪽으로 2억 원대 꼬마 아파트를 살 수 있다.

예전 가리봉역이라 불리던 가산디지털단지역 주변은 1960년대 수출산업 육성을 위한 섬유, 봉제산업 공장 지역이었다. 지금은 대기업 연구소, IT산업, 벤처기업 등이 아파트형 공장과 오피스빌딩에 대거 입주해 있다. 현재까지도 한국 수출산업 국가 산업단지로 지정된 곳이다. 바로 옆 구로디지털단지와 함께 거대한 빌딩 숲을 이룬다.

현재까지 의류, 공장 본사, 물류창고가 많이 남아 있어 W몰, 마리오아울렛 등 대규모 아울렛 쇼핑몰이 자리하고 있다. 이곳은 이월상품 옷의 전국 집합 물류창고라고 보면 된다. 이곳 아울렛 쇼핑몰을 가본 사람들은 그 규모에 압도됐을 것이다. 전국에 있는 옷이란 옷이 다 모인 것 같은 물량 때문이다. 아동복에서 성인복까지 갖춘 대규모 상설 할인몰로 서울에서 가장 큰 규모다.

금천구는 가산디지털단지나 구로디지털단지 쪽 직장인이 주를 이룬다. 거기다 전철 1호선과 7호선이 있어 이를 이용하는 직장인들이 많이 거주한다. 다만 관악산 산지 위에 대규모 아파트가 많고 평지 지역은 전부 낙후 재개발 지역이라 향후 많은 개발이 필요하다. 올해(2016년) 금천구 시흥동 쪽으로 '강남 순환 도시 고속도로'가 개통되어 차량으로 금천구에서 강남으로의 접근성이 획기적으로 좋아졌다.

> 지역 대표 꼬마 아파트

● 금천구 독산동 1088 주공 14단지 아파트

금천구 독산동 주공 14단지 아파트는 독산역 출구에서 약 850m 거리에 있는 아파트로 840세대 단지다. 1990년에 입주한 아파트로 입지 대비 가격대가 저렴하다. 주변은 광명시 하안동 아파트 단지로 되어 있다. 공급면적/전용면적 기준으로 50.4㎡(15평)/38.64㎡(11평) 현재 1억 8,650만 원 내외다.

강남 업무지구 : 전철 1호선 독산역 ▶ 7호선 가산디지털단지역 환승 ▶ 논현역(강남) – 평균 소요 시간 30분
강북 업무지구 : 전철 1호선 독산역 ▶ (서울)시청역 – 평균 소요 시간 30분

ⓒ네이버 ⓒKB부동산 ⓒ한국거래소시스템즈 ⓒ한국감정원 ⓒ디자인넷

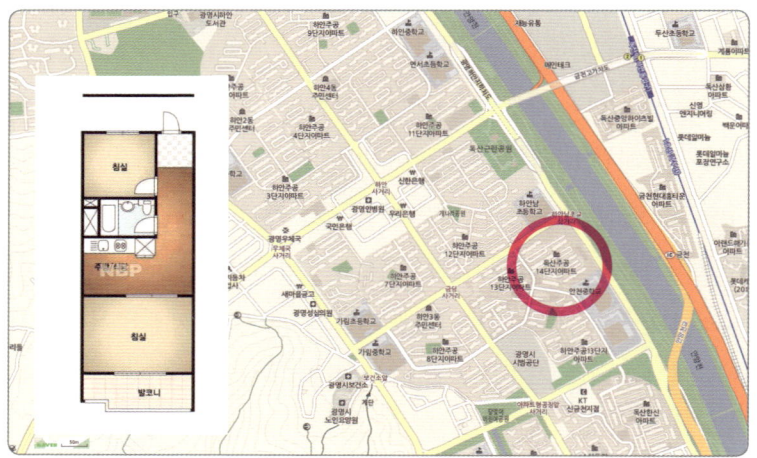

[독산동]독산주공 14단지 정보

단지명	독산주공14단지	입주년월	1990.11.
면적종류 (㎡)	[50.4/38.64], [58.61S/44.94], [59.04N/44.89], [76.03/59.22], [92.56/76.51], [102.47/84.79]		
상세 주소	지번주소	서울특별시 금천구 독산동	
	도로명 주소	서울 금천구 한내로 69-54(독산동)	
총 세대수	840세대	총 동수	5개 동
최고층수	15층	최저층수	15층
난방 방식	지역	난방연료	도시가스
총 주차대수	900대	건설업체	대한토지주택공사
관리사무소	02) 892-1528		

면적별 시세

면적㎡	매매가		
	하위 평균가	일반 평균가	상위 평균가
50.4	17,850	18,650	19,300
58.61S	19,850	21,650	22,350
59.04N	20,750	23,000	23,650
76.03	28,800	30,000	31,000
92.56	31,900	33,500	34,700
102.47	34,500	36,550	37,450

(8) 관악구

관악구는 신림동 고시촌과 봉천동 산비탈의 낡은 빌라가 밀집된 서울의 대표적인 재개발 낙후지역이었다. 서울대학교가 있는 지역으로도 유명하지만, 달동네로도 유명했다. 그러나 최근에는 재개발 지역이 새로운 아파트로 변신을 앞두고 분양 중으로 동네 이미지가 개선될 것이다.

더군다나 관악구는 서울 동남쪽의 전철 2호선 역을 모조리 끼고 있다. 즉 관악구 어느 역이든 전철 2호선으로 강남역 접근이 10분대에 가능하다. 게다가 버스를 이용하면 여의도가 직선거리로 가까워져 여의도 업무지구 접근성 또한 좋다. 따라서 강남 업무지구, 여의도 업무지구의 직장인들이 많이 사는 곳이다.

직주근접의 접근성 대비 가격 면이 우수해서 수요가 많다. 자연환경도 관악구 전체에 관악산이 넓게 자리 잡고 있어 부족함이 없다. 현재는 경전철 신림선, 봉천동 재개발 추진 등 다양한 지역 개발이 이루어져 변화가 주목되는 지역이다. 2억 원 내외 꼬마 아파트도 구매가 가능하다.

랜드 마크 단지로는 봉천동의 관악 드림타운 3,500여 세대 대단지가 자리하고 있다. 근처 신규 아파트 입주로 인한 지역 커뮤니티 상승, 전철 2호선 이용의 편리성이 장점이다. 반면 예전 이미지 때문에 선호도 차이가 심해서 호불호가 분명한 지역이다.

관악구는 지역 자체가 입지 대비 저평가 지역이다. 산지에 위치한 주거지는 생활에 불편한 점이 많기 때문에 가격 상승이 제한적이었다. 도로가 협소하고 낡은 재개발 지역이 복잡하게 아파트 지역과 혼재되어 있다.

(9) 동작구

동작구는 여의도 업무지구와 강남 업무지구 사이에 있다. 게다가 도로 하나를 사이로 서초구와 마주하고 있다. 이런 이유로 강남, 여의도 직장인들이 1순위로 꼽는 주거지역이다. 만약 남편은 여의도, 아내는 강남으로 출퇴근하는 맞벌이 부부라면 동작구는 최적 입지다.

관악구와 마찬가지로 대부분이 산지지만 집값이 만만치 않다. 게다가 노량진역은 우리나라의 대표적인 학원가로 시험을 준비하는 재수생과 수험생들이 밀집한 거대 지역이기도 하다. 이곳에서 가까운 곳에 숭실대학교와 중앙대학교도 있어 지방 학생들의 원룸 자취가 많은 것도 특징이다.

동작구는 고바위 언덕, 협소한 도로, 낙후된 재개발 공사지역도 많다. 주택 부족으로 가격이 상승하면 재개발 수요를 자극해서 계속 공사를 할 수밖에 없다. 대표적인 '노량진 뉴타운' 지역과 주변 지역은 재개발 사업이 계속 진행 중이다.

출퇴근 교통은 상당히 편한 지역이다. 전철 7호선과 9호선을 이용하여 강남과 여의도로, 전철 1호선을 이용해서 시청 업무지구까지 모두 10분 내외로 접근할 수 있다. 전철 기준으로 동작구가 3대 업무지구의 중심이라고 보면 된다.

예전에 동작구는 낙후된 지역이라는 이미지가 강했지만 신규 아파트가 계속해서 들어서면서 이미지가 바뀌고 있다. 대규모 새 아파트의 등장으로 동작구 전체가 한 단계 업그레이드 되는 중이다.

(10) 마포구

마포구는 여의도 업무지구와 시청 업무지구 사이에 있어 이곳으로 출근하는 직장인들이 가장 선호하는 지역이다. 또 전철 2호선과 서울 중심을 포함하고 있어 가격이 상당히 비싸다. 게다가 최근 상암 DMC 업무지구 입주로 직장인들이 몰리고 있다.

마포구는 이름에서 알 수 있듯이 포구로 예전부터 한강의 교통 요지였다. 최근 홍대역 일대의 급속한 발전과 함께 상가, 주택 가격이 모두 상한가를 보이는 지역이다. 현재는 아현역 쪽 재개발 지역인 아현뉴타운의 신규 아파트 분양과 입주가 계속되고 있다. 입주가 끝나면 기존의 낙후된 이미지가 사라지고 거대 아파트 커뮤니티가 형성될 것이다.

일명 '마래푸(마포 래미안 푸르지오)' 지역의 성공으로 근처 재개발 사업이 연달아 빠르게 진행 중이다. 이곳 전체가 대규모 새 아파트 밀집 지역으로 변하고 있다. 공덕역의 대규모 아파트 단지는 여의도 직장인 주거지역 1순위 관심 지역이다. 마포대교 바로 건너편이 여의도 업무지구라서 접근성이 좋고 다른 지역으로 이동하기 좋은 교통의 요지다. 공덕역은 전철 5호선과 6호선, 경의·중앙선, 공항철도까지 총 네 개의 전철 환승이 가능하다. 그야말로 4통 8방이다.

네 개 전철 노선이 환승되는 곳은 서울에서도 왕십리역과 함께 이곳, 단 두 곳뿐이다. 이렇게 마포구는 서울 북서쪽의 교통 중심을 담당하고 있다. 또한 전철 2호선 홍대입구역 주변 상업지역의 급성장으로 마포구에 대한 선호도도 높아졌다.

(11) 서대문구

서대문구는 서울의 북서쪽으로 서울 중심인 종로구, 중구와 맞닿아 있으며 지형은 대부분 산지다. 이곳에는 연세대학교, 이화여자대학교, 추계예술대학교, 명지대학교 등 대학이 많다. 이들 대학가 근처는 자취하려는 학생들의 수요가 많다.

서대문구는 낡은 주택이 밀집된 낙후지역이 많았는데 최근 재개발 사업이 진행되면서 신규 아파트가 계속 공급되고 있다. 대표적으로 북아현뉴타운, 가재울뉴타운 등은 수천 세대 단지 여러 곳이 동시 다발적으로 공급된 지역이다. 이런 신규 아파트는 최신의 평면 구조와 인테리어, 편의시설로 높은 가격을 형성한다.

북악산 자락의 홍제동과 홍은동 쪽도 재개발이 한창이다. 경의·중앙선 라인의 남가좌동, 북가좌동 쪽의 가재울뉴타운 신규 아파트가 이 지역의 랜드마크로 대규모 아파트촌을 형성한다.

현재 공사 중인 아현역 북쪽 북아현 재정비 촉진지구의 신규 아파트가 향후 서대문구 랜드마크가 될 가능성이 크다. 서대문구 안에서도 전철 2호선을 만나는 지역과 만나지 않는 지역의 입지 차이가 극명하다.

13 접근성과 거주성 둘 다 잡은 경기도

 경기도 지역에서 내 집을 마련할 때는 서울보다 더 교통여건을 꼼꼼히 살펴야 한다. 서울로 출퇴근하는 것은 항상 혼잡하므로 교통의 편리성이 아주 중요하다. 본인이 서울로 출퇴근하지 않더라도, 나중에 집을 팔거나 세를 놓을 때 교통이 편리한 지역이 훨씬 더 높은 가치로 인정받는다. 그래서 경기도에서 내 집을 마련하겠다면 교통이 편리한 지역 위주로 살펴보기를 권한다.

 경기도 지역 중 서울 접근성이 좋은 곳은 서울외곽순환고속도로까지다. 경기도 외곽지역은 2015~2016년까지 신규 분양을 역사상 가장 많이 했다. 따라서 2018년도부터 경기도 외곽지역에 대규모 아파트가 입주할 것으로 보여 가격 조정이 예상된다. 이러한 공급 폭탄은 외곽지역 전역이라 신중하게 접근해야 한다. 게다가 경기도 외곽 쪽은 교통 낙후지역이 많다. 그래서 이곳에 집을 마련할 때는 집과 직장까지의 교통수단, 거리,

소요 시간을 반드시 확인해야 한다. 도로, 버스, 전철이 확충되지 않은 상태에서 대단위 아파트 공급은 출퇴근길 혼잡을 일으키기 때문이다.

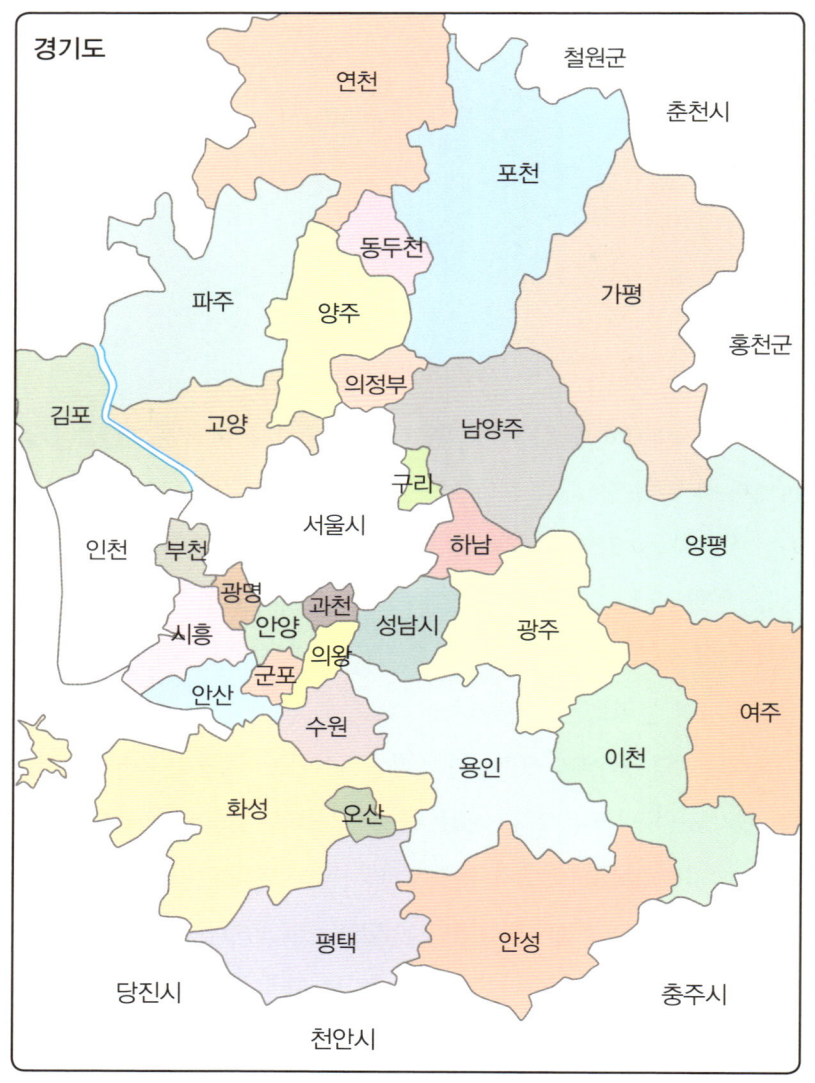

(1) 구리시

1기 신도시가 입주하던 1990년대 초반 구리시도 대규모 아파트가 입주했다. 구리역을 기준으로 북쪽 인창동과 남쪽 교문동, 수택동에 많은 아파트 단지가 형성되었다. 향후 구리역 쪽으로 강동구에서 전철 8호선이 넘어와 연장된다. 전철 8호선 연장으로 강남 업무지구 접근성이 높아질 전망이다.

최근에는 주변 도로도 확충되고 있다. 근처 갈매지구와 다산신도시에서 수만 가구의 공사가 진행되고 있다. 완공 시 대규모 신규 아파트 입주로 주변 가격 조정이 있을 것으로 보인다. 현재 구리 지역은 강북 업무지역을 경의·중앙선으로 이용하고 있다. 또한 왕십리역 환승으로 강남 근접의 편리성으로 이쪽 직장인 수요가 많다. 한강 건너편 하남 미사지구, 강동구와 맞닿아 있어 주변 공급의 영향을 많이 받을 지역이다. 구리는 서울 접근성이 좋은 곳이니 조정기 시점마다 관찰이 필요하다.

구리시에는 경의·중앙선 구리역을 이용해서 용산으로 가는 사람보다 왕십리역에서 전철 2호선을 갈아타고 강북 업무지구로 가는 사람이 많다. 그리고 분당선으로 갈아타고 강남 업무지구로 향하는 직장인도 많다. 구리역 북쪽으로 인창동 쪽에 꼬마 아파트들이 많고 서울외곽순환 고속도로 구리 IC 앞이라 교통이 편리하다. 주변에 구리 농수산물시장과 구리 역사 안 롯데백화점이 있어 편의시설이 잘 갖춰진 편이다. 바로 옆에 들어서는 다산신도시가 구리 지역에 많은 영향을 줄 것으로 예상된다.

> **강남 업무지구** : 경의·중앙선 구리역 ▶ 분당선 왕십리역 환승 ▶ 선릉역 – 평균 소요 시간 30분
> **강북 업무지구** : 경의·중앙선 구리역 ▶ 2호선 왕십리역 환승 ▶ 을지로4가역 – 평균 소요 시간 30분

(2) 남양주시

남양주는 면적이 상당히 큰 곳이다. 경춘선 라인으로 아파트가 한동안 대규모로 들어온 지역이다. 서울 노원구와 중랑구에서 사람들이 많이 이주해 왔다. 서울 출퇴근이 편리한 근접 지역으로, 경의·중앙선을 이용할 수 있는 덕소역 주변과 구리와 인접한 도농역 아파트 단지까지가 좋아 보인다.

한강을 남으로 끼고 있고, 상수원 보호구역으로 깨끗이 관리되어 수도권 동쪽의 쾌적한 자연환경을 대표하는 지역이다. 새로운 도로가 확충되고 전철도 개선되고 근처 별내지구, 구리 갈매지구, 다산신도시, 하남 미사지구 입주가 이루어지면 한동안 가격 조정을 받을 것으로 보인다. 다른 지역과 대비했을 때 가격 비교 우위에서 접근할 수 있는 지역이지만, 전철 배차 간격이 드문드문 있는 것과 정비 중인 옛날 도로는 풀어가야 할 과제다.

(3) 하남시

하남시는 서울 동쪽 외진 곳에 있어 과거 미사리 카페촌으로 유명했

지만 최근 대규모 아파트 단지가 들어서면서 신도시로 인식이 바뀌고 있다. 하남 시청 근처로는 1990년대 입주한 아파트들이 많이 자리잡고 있다. 전철 5호선과 연장으로 하남시의 최대 단점이던 전철이 없었던 점까지 해결될 것이다. 현재는 외곽지역 특성상 빈 땅이 많아 대규모 개발 공사가 진행 중인 곳이 많다.

최근에는 인근 신세계 복합 쇼핑몰인 '스타필드'를 개장한 후 하루 10만 명 방문객 수를 돌파했다. 전철 개통과 복합 쇼핑몰 등이 들어서면서 신도시의 면모를 갖춰가는 중이다. 이 모든 것이 완성되면 엄청난 시너지 효과를 이룰 것으로 보인다. 하남시의 향후 몇 년 후가 기대된다.

(4) 광주시

광주시는 올해(2016년) 큰 변화가 있는 곳이다. 오랜 기간 숙원사업이던 경강선(기존 '성남-여주선')이 개통했다(2016. 09). 정확하게는 분당 판교역에서 광주, 이천, 여주까지 연결하는 전철이다.

광주시는 서울 방향으로 출퇴근하는 교통 여건이 가장 좋지 않은 지역으로 악명이 높았다. 다른 대체 도로가 없는 3번 국도는 출퇴근 시간에는 상습 정체로 몸살을 앓았다. 하지만 성남 - 장호원 간 자동차 전용도로가 부분 개통된 후 도로 교통이 편리해지고 전철도 개통되어 사정이 많이 개선되었다.

판교 테크노밸리 직장인이나 판교역에서 신분당선을 이용해서 강남역으로 접근하는 직장인들에게 가성비가 가장 좋은 지역이다. 단, 지역적으로 대규모 아파트 밀집지역이 드물다는 것과 편의시설이 부족하니, 이곳에 집을 구할 때는 이런 점에 주의해서 잘 따져보아야 한다.

(5) 광명시

광명시에는 전철 7호선이 있어 강남으로 출퇴근하는 직장인과 바로 옆 안양천 건너편인 가산디지털단지, 구로디지털단지의 IT 업체 직장인들이 많이 거주한다. 이곳은 전철 7호선 광명사거리역 재개발 지역과 철산역 주변 재건축 아파트 지역이 최근 이슈다. 철산역 주변 신규 아파트는 가격이 상당히 높다. 따라서 소하동, 하안동 지역이 대단지로 가격 대비 만족도가 높다. 하안동은 2억 원대 꼬마 아파트 구매가 가능하다.

원래 광명은 유흥가와 블루칼라 지역으로 유명했다. 바로 옆 가리봉동 쪽 공장 노동자들의 주거지였는데 가산디지털단지 직장들이 IT업체와 연구업체들로 교체되면서 이 지역도 변화가 일었다. 이후 2000년대 소하동 지역 신규 아파트와 철산역 주변 재건축 신규 아파트로 새로운 바람이 불고 있다. 게다가 최근에는 KTX 광명역에 이케아가 입주하고, 신규 아파트와 주상복합 분양으로 가장 핫한 곳이 되었다. 이곳은 최근 개통한 '강남 순환고속도로' 시작 지점 바로 초입으로 주목을 받고 있다. 향후 광명시는 대규모 재개발 지역의 신규 아파트 입주와 광명역 주변의 개발이 주요 이슈가 될 것으로 보인다.

광명시에 관심이 있다면 하안동 지역이 가성비가 높으니 추천하고 싶다. 하안동은 가산디지털 업무지구와 안양천을 사이에 두고 마주하고 있다. 따라서 이 지역 직장인들이나 전철 7호선을 이용해 강남 업무지구로 출퇴근하는 직장인들이 많이 거주한다. 1호선 독산역을 이용해서 강북 업무지구로 출퇴근하는 직장인들도 있다.

하안동에는 대단위의 아파트 단지가 밀집해 있다. 그런데 이곳에도 해결해야 할 문제점이 있다. 하안동 아파트 단지 자체의 노후화와 주차장 부족이다. 따라서 하안동 아파트는 재건축 등 새로운 방향을 모색하고 있다.

(6) 부천시

부천시는 전철 1호선 라인 구 시가지와 전철 7호선 라인 신도시로 크게 나뉜다. 1기 신도시인 중동과 같이 개발된 상동도 대규모 신도시를 이루고 있다. 중동 신도시는 평지로 아파트 단지와 학교, 백화점, 마트, 병원 등 편의시설이 잘 갖춰졌지만 1기 신도시 중 유일하게 전철이 없었다. 그러나 2012년 7호선이 연장 개통되어 강남 접근성이 획기적으로 좋아졌다. 전철 7호선 부천시청역 기준으로 50분대에 강남 논현역 접근이 가능하다. 따라서 전철 7호선을 이용하는 인근 광명지역, 서울지역 수요가 계속 부천으로 흡수되고 있다.

전철 7호선 논현역과 가산디지털단지역 업무지구로 다니는 직장인이 많이 거주한다. 더불어 전철 1호선 송내역과 부천역은 급행 정거장으로 서울로 빠른 진입이 가능하다. 부천은 북쪽 지역의 공장지대와 전철 1

호선 남쪽 지역의 재개발 지역으로 구분된다. 원래는 오정구, 원미구, 소사구로 나뉘던 지역인데 부천시에서 최근 구를 없애는 새로운 시도를 하고 있다.

상동, 중동 쪽 깨끗한 신도시 아파트 지역이 아무래도 선호도가 높다. 안전하고 편리한 지역을 먼저 검토하는 것이 좋다. 부천시에서 집을 구할 때 북쪽 지역의 공장지대와 전철 1호선 남쪽 지역의 재개발 지역은 잘 판단해야 한다. 부천시는 2억 원 내외로 꼬마 아파트 구매가 가능한 곳이다.

전철 7호선과 1호선을 이용해 출근하는 직장인이라면 중동과 상동을 눈여겨볼 만하다. 중동, 상동 전체가 평지로 되어 있어 자전거나, 유모차 등의 이용이 편리하다. 호수공원을 비롯한 공원이 곳곳에 갖추어져 있어서 주민들의 주거 만족도가 높은 곳이다. 또한 신도시 내 도로 정비도 잘 되어 있다. 주변 도로도 서울 외곽순환 고속도로 중동 IC, 경인 고속도로 부천 IC를 끼고 있어 편리하다.

지역 대표 꼬마 아파트

● **부천시 중동 1051 설악마을 주공아파트**

부천시 중동 설악마을아파트는 전철 7호선 부천시청역 출구에서 약 500m 거리에 있는 아파트로 1,590세대 단지다. 1993년 입주한 아파트로 중동 신도시 내에 자리 잡고 있다. 시세는 공급면적/전용면적 기준으로 59.5㎡(18평)/44.1㎡(13평) 현재 1억 8,500만 원 내외다.

강남 업무지구 : 전철 7호선 부천시청역 ▶ 논현역 – 평균 소요 시간 50분
강북 업무지구 : 전철 7호선 부천시청역 ▶ 1호선 온수역 환승 ▶ 시청역 – 평균 소요 시간 50분

ⓒ네이버 ⓒKB부동산 ⓒ한국거래소시스템즈 ⓒ한국감정원 ⓒ디자인넷

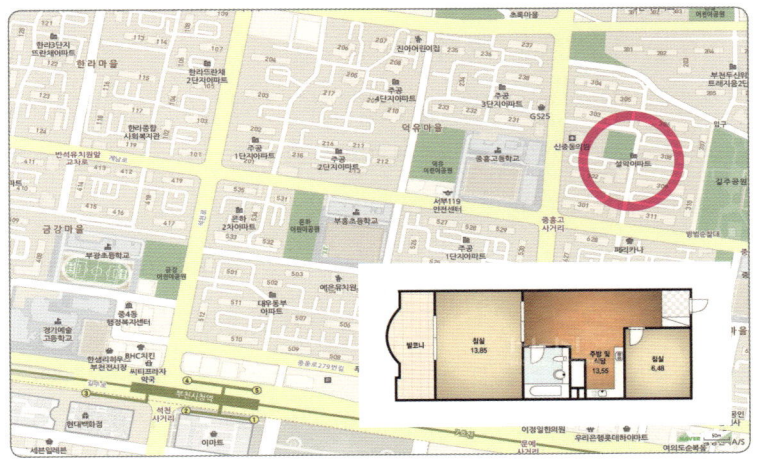

[중동]설악단지(주공) 정보

단지명	설악단지(주공)	입주년월	1993.10.
면적종류(㎡)	[59.5/44.1], [69.42/49.8]		
상세 주소	지번주소	경기도 부천시 중동	
	도로명 주소	경기 부천시 계남로 195(중동)	
총 세대수	1,590세대	총 동수	11개 동
최고층수	15층	최저층수	15층
난방 방식	지역	난방연료	열병합
총 주차대수	–	건설업체	삼환기업
관리사무소	032) 323-0648		

면적별 시세

면적㎡	매매가		
	하위 평균가	일반 평균가	상위 평균가
59.5	18,000	18,500	19,000
69.42	22,000	23,000	23,800

(7) 군포시

경기도 서남부에 위치한 군포시는 전철 1호선 군포역 쪽의 구 시가지 공장지대와 전철 4호선 산본역의 1기 신도시 아파트 단지로 명확하게 나뉜다. 1호선 군포역 쪽은 낡은 빌라와 공장이 혼재되어 있어 지역 개발이 필요한 지역이다. 4호선 산본역 쪽은 산본 신도시로 아파트와 학교, 상가 등 편의시설이 집중되어 있다.

산본은 수리산의 여러 봉우리가 신도시 전체를 감싸고 있는 분지다. 삼림욕장이 있을 만큼 쾌적한 자연환경과 편리한 시설로 주민들 만족도가 높은 편이다. 처음 방문한 사람은 강원도 산속에 온 것 같은 느낌을 받을 것이다. 다만 평지가 거의 없어 산지에 아파트가 자리 잡고 있다. 평촌보다 조금 더 외곽지역으로 가격도 조금 더 저렴하다.

산본은 베드타운 성격이 강한데 좁은 지역에 아파트와 편의시설이 밀집되어서 생활하기는 편리하다. 평촌과 전철로 두 정거장 거리다. 따라서 전철 4호선을 같이 이용하는 평촌과 거의 비슷한 교통 환경을 가지고 있다. 꼬마 아파트가 많은 지역 중 한 곳이다.

전철 1호선이나 4호선을 이용하여 서울역 쪽 강북 업무지구로 출퇴근하는 사람이나, 강남 업무지구로 출퇴근하는 사람들이 주로 거주하는 지역이다. 강남 업무지구는 사당역에서 전철 2호선으로 갈아타고 강남 쪽으로 들어가면 평균 40분 내외로 시간이 소요된다.

금정동은 산본 일부가 속하는 지역이다. 산본 주공 1단지, 2단지, 3단지가 금정동에 포함되는데 전철 4호선 산본역 바로 앞이다. 특히 충무주공 2단지는 전철역 출입구와 아파트 단지가 바로 연결되어 출퇴근이 편하다. 산본역을 이용하여 다음 역인 금정역에서 전철 1호선으로 갈아타고 가산디지털단지역 쪽 업무지구를 이용하는 사람들도 많다. 산본역 바로 앞에는 산본 로데오 거리가 있는데 마트, 상가, 병원 등 상업지역이 밀집되어 항시 번화하다. 산본의 모든 편의시설은 이 구역 안에 있다.

산본동도 1기 신도시 산본에 포함된 지역이다. 전철 4호선 수리산역이 있어서 출퇴근 시 이용하기 편하다. 산본 중심가와는 약간 떨어진 지역으로 구릉지에 자리 잡고 있다. 전철 4호선 수리산역을 기준으로 가야주공 5단지, 한라주공 4단지가 있다. 이 두 단지만 수리산역에 있고 주변 지역은 전부 수리산으로 둘러싸여 있다. 산이 좋고, 맑은 공기를 쐴 수 있어 이 곳을 찾는 등산객이 많다.

지역 대표 꼬마 아파트

● 군포시 금정동 875 퇴계주공 3단지 아파트

산본 퇴계주공 3단지 아파트는 전철 4호선 산본역 출구에서 약 200m 거리에 있는 아파트로 1,992세대 대단지다. 1993년에 입주한 아파트로 입지 대비 가격대가 저렴하다. 주변에도 대단지들이 많이 들어와 있어서 깨끗하고 평온한 느낌이 나는 지역이다. 시세는 공급면적/전용면적 기준으로 52.89㎡(16평)/37.67㎡(11평) 현재 1억 6,200만 원 내외다. 이 지역의 아파트 가격은 상승 중이다.

강남 업무지구 : 전철 4호선 산본역 ▶ 2호선 사당역 환승 ▶ 강남역 – 평균 소요 시간 40분
강북 업무지구 : 전철 4호선 산본역 ▶ 서울역 – 평균 소요 시간 40분
가산디지털 업무지구 : 전철 4호선 산본역 ▶ 1호선 금정역(환승) ▶ 가산디지털단지역 – 평균 소요 시간 35분

ⓒ네이버 ⓒKB부동산 ⓒ한국거래소시스템즈 ⓒ한국감정원 ⓒ디자인넷

[금정동]퇴계주공(3단지) 정보

단지명	퇴계주공(3단지)	입주년월	1993.06.
면적종류 (㎡)	[52.89/37.67], [56.19/41.85], [59.5/39.87], [62.81/42.75]		
상세 주소	지번주소	경기도 군포시 금정동	
	도로명 주소	경기 군포시 광정로 25-20(금정동)	
총 세대수	1,992세대	총 동수	9개 동
최고층수	20층	최저층수	0층
난방 방식	지역	난방연료	열병합
총 주차대수	–	건설업체	삼익건설
관리사무소	(031) 391-4987		

면적별 시세

면적㎡	매매가		
	하위 평균가	일반 평균가	상위 평균가
52.89	15,100	16,200	16,750
56.19	16,750	17,500	18,000
59.5	16,350	17,250	17,750
62.81	17,250	18,250	19,500

> 지역 대표 꼬마 아파트

● 군포시 산본동 1155 가야주공 5단지 아파트

산본동 가야주공 5단지 아파트는 전철 4호선 수리산역 출구 바로 앞에 있는 아파트로 2,550세대 단지다. 1993년에 입주한 아파트로 입지 대비 가격대가 저렴하다. 단지 내 도장초등학교가 있어 학부모들이 안심하고 아이들을 학교 보낼 수 있다. 시세는 공급면적/전용면적 기준으로 56.19㎡(17평)/41.85㎡(13평) 현재 1억 8,500만 원 내외다.

강남 업무지구 : 전철 4호선 수리산역 ▶ 2호선 사당역 환승 ▶ 강남역 – 평균 소요 시간 40분

강북 업무지구 : 전철 4호선 산본역 ▶ 서울역 – 평균 소요 시간 40분

ⓒ네이버 ⓒKB부동산 ⓒ한국거래소시스템즈 ⓒ한국감정원 ⓒ디자인넷

[산본동]가야주공(5단지) 정보

단지명	가야주공(5단지)	입주년월	1993.10.
면적종류 (m²)	[56.19/41.85], [62.81B/41.4], [62.81/42.75], [79.33A/58.46], [79.33B/51.59]		
상세 주소	지번주소	경기도 군포시 산본동	
	도로명 주소	경기 군포시 번영로 403(산본동)	
총 세대수	2,550세대	총 동수	23개 동
최고층수	25층	최저층수	15층
난방 방식	지역	난방연료	열병합
총 주차대수	1,788대	건설업체	대한토지주택공사
관리사무소	031) 392-3980		

면적별 시세

면적m²	매매가		
	하위 평균가	일반 평균가	상위 평균가
56.19	17,750	18,500	19,750
62.81	16,500	17,750	19,250
79.33A	24,500	26,250	27,250
79.33B	22,000	23,250	24,250

(8) 안양시

안양시는 동안구 평촌이 대표적인 곳이다. 1기 신도시로 대규모 아파트 단지가 있다. 서울 남쪽 관악산이 안양시까지 걸쳐 있다. 구 시가지인 만안구 안양역 전철 1호선 쪽과 신도시인 동안구 범계역 전철 4호선 쪽으로 지역이 크게 나뉜다.

서울 외곽순환 고속도로, 1번 국도, 47번 국도 등 경기 남부지역에서 잘 갖춰진 교통 중심지 역할을 한다. 최근 안양시 신규 아파트 입주 여파로 아파트 가격이 정체를 보이나 앞으로 회복을 기대해본다.

평촌은 주민들 만족도가 높은데 전철 4호선을 이용해서 서울 사당역 접근이 20분대에 가능하다. 물론 출근 시간에 이용객이 많은 것은 감수해야 한다. 사당역에서 전철 2호선으로 환승하면 강남 업무지구 접근이 쉽다. 전철 4호선을 그대로 이용하면 서울역, 명동역 등 강북 업무지구로 한 번에 접근할 수 있다.

　차가 있지만, 교통의 편리성까지 생각하며 집을 보는 나로서는 대중교통을 이용할 때가 많다. 그중에서도 버스보다는 전철을 애용한다. 정해진 시간에 차 막힐 걱정 없이 이용할 수 있는 교통수단으로 전철만 한 것이 없다. 나를 제시간에 목적지로 데려다주는 전철의 정확함에 때론 놀라움을 금치 못할 때가 있다. 그러니 전철역 근처에 집을 구하라는 말은 당연하면서도 핵심적인 이야기다.

　안양시는 서울과 맞닿아 있다. 경기도 남부지역으로 평지가 많고 중앙공원과 평촌 주변을 둘러쌓은 산은 쾌적한 신도시의 롤모델이다. 학교, 병원, 마트, 백화점 등 편의시설이 잘 갖추어져 있으며 평촌 학원가는 경기도권에서도 인지도가 높은 지역이다.

(9) 성남시

　며칠 전에 성남시 판교에 갔다가 하늘 높은 줄 모르고 쭉쭉 뻗은 빌딩과 아파트 대단지를 보고 헉 소리를 낸 적이 있다. 7년 전만 해도 허허벌판이었는데 말이다. 매번 보지만 발전 속도가 빨라도 너무 빠르다는 생각이 절로 드는 도시 중 하나가 성남시 판교다.

　성남시는 수정구, 중원구의 재개발 지역과 분당, 판교 신도시 아파트 지역으로 명확하게 갈린다. 분당은 1기 신도시 중 가장 선호되는 지역으로 자연환경을 그대로 살려서 신도시를 건설했다. 주위를 둘러싼 산과 자연천의 조화로 자연환경이 좋아 수도권에서 가장 살기 좋은 도시 중 하나다. 도시개발을 하는 전문가들에게는 모범적인 사례로 평가받는 곳이다.

게다가 벌판이던 지역에 판교 테크노밸리 업무지구와 대규모 신규 아파트 건설로 새로운 도약을 이루었다. 판교 테크노밸리 업무지구의 입주는 직주근접을 완성했다. 이는 분당구의 아파트 가격에도 많은 영향을 미쳤다. 현재는 정부에서 제2 판교 테크노밸리 개발 공식 발표로 또 한 번 상승을 꿈꾸고 있다.

서울 강남구, 서초구, 송파구에서 가장 많이 경기도로 이사하는 곳이 성남시 분당구다. 따라서 분당은 지역 주민 대부분이 강남 3구와 연관되어 있다. 1990년대 지어진 낡은 아파트 이미지에서 인근 판교 신도시의 3만 가구 넘는 신규 아파트는 분당구 자체에 새로운 모습을 보여주고 있다.

최근 판교 현대백화점과 다양한 쇼핑몰의 입점은 편의시설 증가를 이루었다. 가장 중요한 점은 강남 업무지구로의 접근성이 신분당선 개통으로 눈부시게 좋아졌다는 것이다. 기존 분당선은 강남 업무지구까지 가는 데 오랜 시간이 걸렸다. 하지만 신분당선은 정자역에서 강남역까지 전철 시간 17분 내외다. 또 한 번 말하지만, 서울 수도권에서 제시간에 가려면 대중교통만 한 것이 없다. 그중에서도 전철이 으뜸이다. 따라서 강남 업무지구 직장인들이 가장 눈여겨보아야 할 지역 중 한 곳이 되었다.

(10) 고양시

고양시는 전철 3호선 라인인 1기 신도시 일산과 경의·중앙선 라인인 구도심 일산역 그리고 덕양구청 인근 화정역으로 나뉜다. 고양시는 1기 신도시인 일산과 호수공원이 가장 많이 알려져 있다. 이곳은 환경, 교육 등 편의시설이 잘 갖춰져 있어 생활 여건이 좋다. 서울 북서쪽에 있어 서울 시청역 업무지구 직장인들이 많이 거주한다. 전철 3호선과 경의·중앙선을 이용하면 강북 업무지구로의 접근이 편리하다.

고양시 일산 신도시는 대부분 평지다. 일산 지역인 일산동구, 일산서구 쪽으로 최근 신규 아파트 분양도 많은 곳이다. 더불어 덕양구 쪽도 편의시설은 부족하지만, 서울 접근성이 우수해 수요가 많이 몰리고 있다. 최근 덕양구 원흥지구, 삼송지구 신규 아파트 대거 입주로 서울 서쪽 은평구, 서대문구, 마포구 주민들이 많이 이주하고 있다. 마포 상암 DMC 업무지구의 영향도 많이 받는 지역 중 한 곳이다. 2억 원대 꼬마 아파트가 많다.

고양시에서 추천하고 싶은 곳은 덕양구의 화정동, 원당동, 행신동이다. 덕양구는 서울 북서쪽으로 마포구와 맞닿아 있다. 경의·중앙선을 이용하면 행신역에서 상암 DMC 업무지구인 디지털미디어시티역까지 11분 거리다. 그리고 홍대입구역까지는 15분 거리다. 홍대입구역에서는 전철 2호선으로 환승할 수 있다.

또 경의·중앙선은 서울역행이 있어서 서울 강북 업무지구로의 접근도 편리하다. 따라서 경의·중앙선을 이용하고자 하는 사람들은 행신동 쪽이 좋다. 시끄러운 도시를 떠나 조용하게 사는 사람에게 적극적으로 추천하고 싶은 곳이다. 이곳의 가장 매력적인 점은 인근 지역보다 집값이 저렴하다는 것이다.

  전철 3호선을 이용해서 강북 업무지구와 강남 업무지구로 출퇴근하려는 사람들은 화정동 쪽이 편리하다. 화정역 부근은 롯데마트, 이마트 등 각종 편의시설이 집중된 곳이다. 일산동구 백석동도 눈여겨볼 만하다. 백석동에는 건강보험공단 일산병원이 있고 전철 3호선 백석역에는 마트와 고양 종합터미널이 있다. 근처에 일산 호수공원, 백석근린공원, 마두공원 등 공원시설이 잘 갖춰져 있어 시민들의 쉼터로 좋다. 1기 신도시 일산은 백석동뿐만 아니라 대부분이 평지다. 특히 백석동은 초·중·고등학교와 백석동 학원가가 잘 형성되어 있어 학군이 좋다.

  마지막으로 관심 둘 곳은 덕양구 성사동이다. 이곳은 예전으로 말하면 마을 읍내 중심지다. 원당이라고 불리며 재래시장이 있고 바로 옆에 고양 시청이 있다. 구 시가지 중심이라 재개발 다가구가 많다. 능곡역~의정부역으로 다니던 교외선 원릉역도 있었는데 2004년 폐선되었다. 전철 3호선 원당역을 기준으로 도로 북쪽은 구 시가지 남쪽은 어울림마을과 성라공원이 있다.

상암 DMC 업무지구 : 경의·중앙선 행신역 ▶ 디지털미디어시티역 – 평균 소요 시간 11분

강북 업무지구 : 경의·중앙선 행신역 ▶ 2호선 홍대입구역(환승) ▶ 시청 – 평균 소요 시간 33분

> 지역 대표 꼬마 아파트

- **고양시 일산동구 백석동 1183 백송마을 한신아파트**

　백석동 백송마을 한신아파트는 백석역 출구에서 약 600m 거리에 있는 아파트로 436세대 단지다. 1기 신도시 일산에 있으며 1992년에 입주한 아파트다. 계획도시답게 환경과 학군이 잘 갖추어져 있다. 시세는 공급면적/전용면적 기준으로 50.84㎡(15평)/37.8㎡(11평) 현재 1억 7,500만 원 내외다.

강남 업무지구 : 전철 3호선 백석역 ▶ 신사역 – 평균 소요 시간 50분
강북 업무지구 : 전철 3호선 백석역 ▶ 종로3가역 – 평균 소요 시간 40분
　　　　　　　　경의·중앙선 백마역 ▶ 서울역 – 평균 소요 시간 35분

ⓒ네이버 ⓒKB부동산 ⓒ한국거래소시스템즈 ⓒ한국감정원 ⓒ디자인넷

[백석동]백송마을(한신) 정보

단지명	백송마을(한신)	입주년월	1992.09
면적종류 (㎡)	[49.58/39.93], [59.5/50.05], [72.72/52.92]		
상세 주소	지번주소	경기도 고양시 일산동구 백석동	
	도로명 주소	경기 고양시 일산동구 백석로 109(백석동)	
총 세대수	436세대	총 동수	6개 동
최고층수	15층	최저층수	5층
난방 방식	지역	난방연료	열병합
총 주차대수	654대	건설업체	한신공영
관리사무소	031) 901-6022		

면적별 시세

면적㎡	매매가		
	하위 평균가	일반 평균가	상위 평균가
49.58	17,000	17,500	18,000
59.5	20,750	22,000	22,500
72.72	21,250	22,500	23,250

● **덕양구 성사동 725 신원당 9단지 태영아파트**

성사동 신원당 9단지 태영아파트는 전철 3호선 원당역 출구에서 약 400m 거리에 있으며 500세대로 이루어진 단지다. 1993년에 입주한 아파트로 전반적으로 아파트 단지가 구릉지에 있다. 아파트 뒤편으로 '고양어울림누리'라는 복합 문화예술공간이 있다. 시세는 공급면적/전용면적 기준으로 59.5㎡(18평)/39.78㎡(12평) 현재 1억 4,250만 원 내외다.

강남 업무지구 : 전철 3호선 원당역 ▶ 신사역(강남) – 평균 소요 시간 45분
강북 업무지구 : 전철 3호선 원당역 ▶ 종로3가역 – 평균 소요 시간 30분

©네이버 ©KB부동산 ©한국거래소시스템즈 ©한국감정원 ©디자인넷

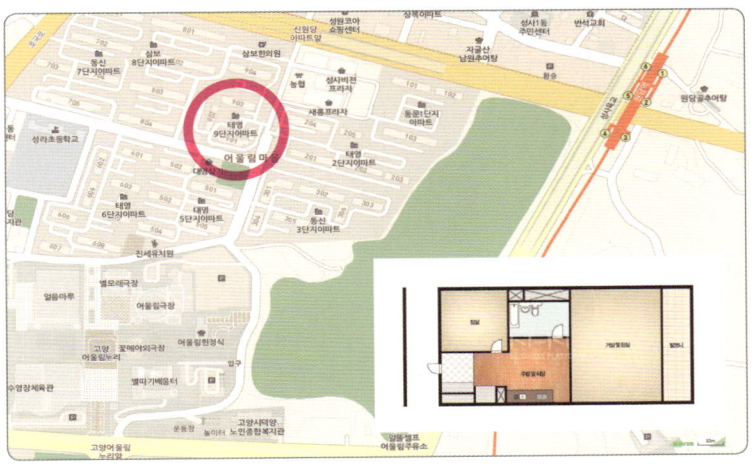

[성사동]신원당(9단지 태영) 정보

단지명	신원당(9단지태영)	입주년월	1993.06.
면적종류 (㎡)	[46.28/32.76], [69.42/49.5], [82.64/59.4]		
상세 주소	지번주소	경기도 고양시 덕양구 성사동	
	도로명 주소	경기 고양시 덕양구 고양대로1384번길 30(성사동)	
총 세대수	500세대	총 동수	4개 동
최고층수	15층	최저층수	15층
난방 방식	지역	난방연료	열병합
총 주차대수	200대	건설업체	태영
관리사무소	031) 966-5748		

면적별 시세

면적㎡	매매가		
	하위 평균가	일반 평균가	상위 평균가
46.28	13,500	14,250	14,750
69.42	16,750	17,750	18,500
82.64	21,000	21,750	22,750

서쪽의 보석, 인천

14

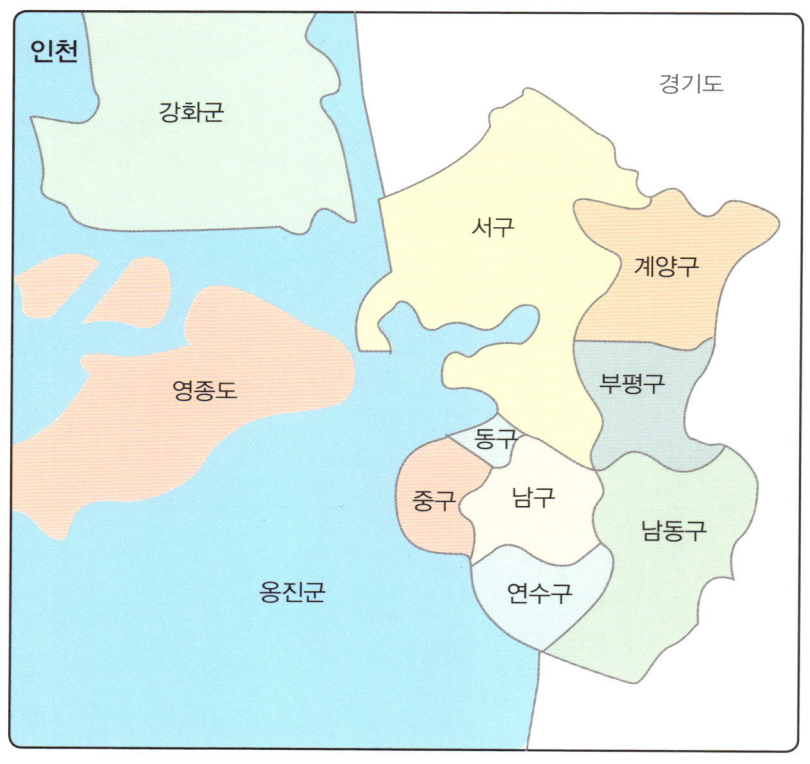

인천은 주택 가격이 수도권에서 가장 저렴한 지역이다. 공장지대가 많고 항만시설 지역이 가깝다는 것이 특징이다. 2016년 현재 아파트 평균가격이 3.3㎡당 842만 원으로 상당히 저렴한 편이다. 하지만 노후 지역과 재개발 지역이 많고, 신도시 개발이 한창인 지역도 많아 주택가격이 지역에 따라 극과 극을 달린다.

인천도 서울 출퇴근이 가능한 전철 라인 쪽 위주로 살펴보는 것이 좋다. 또한 경기도와 마찬가지로 교통 낙후지역이 많아 주의해서 접근할 필요가 있다. 서울을 향하는 전철 1호선과 7호선, 공항철도 전철역 주변이 좋다. 서울 업무 중심지역으로의 접근성이 좋은 곳이 입지가 좋고, 수요 증가로 가격 상승 에너지가 강하다.

(1) 부평구 – 부평동, 산곡동, 부개동

부평구는 인천광역시에서 가장 교통의 요지 지역이다. 전철 1호선과 7호선을 이용해서 서울 업무지구(서울 시청, 강남)로 환승 없이 한 번에 접근할 수 있다. 1호선의 경우 급행열차가 자주 있지만, 서울 방향으로는 용산역이 종점이라는 한계가 있다. 반대로 퇴근길은 용산역에서 편안히 앉아서 갈 수 있는 장점도 있다. 부평구는 인천 지하철 1호선이 지역을 세로로 관통하고 있다. 공항철도 계양역, 전철 7호선 부평구청역, 전철 1호선 부평역에서 인천 전철 1호선을 만나 각각 더블 역세권을 만든다.

2012년에 전철 7호선이 개통되어 강남 접근성이 좋아졌다. 전철 7호선 라인 쪽인 삼산동, 부개동, 부평동, 청천동 쪽은 최근 가격이 많이 상승했다. 부개동은 전철 7호선의 개통으로 교통이 획기적으로 좋아진 지역 중 하나다. 아파트 밀집지역으로 꼬마 아파트가 곳곳에 분포되어 있다. 전철 1호선을 이용하는 부평동은 부평시장이라는 큰 상권을 끼고 있어 장보기가 편하다. 하지만 이 일대는 노후 주택가와 재개발 지역이 많다.

인천에서 가장 살기 좋은 곳 중 한 곳인 삼산동은 택지지구로 깨끗한 신도시 느낌을 준다. 신규 아파트와 편의시설까지 잘 갖추어진 지역으로 주민들 만족도가 높은 곳이다. 삼산동 택지지구는 인천에서 가장 비싼 지역 중 한 곳이다. 새롭게 개발된 지역이라 상가, 마트 등 편의시설이 깨끗하고 잘 발달해 있다.

부개동과 부평동도 전철 7호선의 영향으로 서울지역 출퇴근이 편해져서 수요가 몰리고 있다. 부평역 쪽 재래시장과 재개발 지역 쪽은 낙후지역이 많아 향후 개발이 오랜 시간 소요될 것으로 예상된다. 1억 원대 아파트 구매가 가능한 곳이 많다.

부개동은 부평구 중에서 부천하고 가장 많이 맞닿아 있는 곳이다. 전철 7호선 쪽 부개 택지지구 아파트 지역과 전철 1호선 부개역 쪽 재개발 지역으로 나뉘어 있다. 부개동은 바로 앞 부천시 '상동 호수공원'을 이용하기 편리하다.

> 지역 대표 꼬마 아파트

● 부평구 부개동 477-3 뉴서울아파트

　부평구 부개동 뉴서울아파트는 전철 7호선 삼산체육관역에서 약 400m 거리에 있는 아파트다. 1989년 입주한 아파트로 평지에 1,140세대 단지가 자리 잡고 있다. 주변 단지도 대부분 이 시기 전후로 입주했다. 시세는 공급면적/전용면적 기준으로 56.19㎡(17평)/39.48㎡(12평) 현재 1억 6,250만 원 내외다.

강남 업무지구 : 전철 7호선 삼산체육관역 ▶ 논현역(강남) – 평균 소요 시간 50분
강북 업무지구 : 전철 7호선 삼산체육관역 ▶ 1호선 온수역 전철 환승 ▶ (서울)시청역 – 평균 소요 시간 50분

ⓒ네이버 ⓒKB부동산 ⓒ한국거래소시스템즈 ⓒ한국감정원 ⓒ디자인넷

[부개동]뉴서울 정보

단지명	뉴서울	입주년월	1989.08.
면적종류 (㎡)	[56.19/39.48], [62.81/46.68]		
상세 주소	지번주소	인천광역시 부평구 부개동	
	도로명 주소	인천 부평구 충선로 191, 외 1필지(부개동)	
총 세대수	1,140세대	총 동수	4개 동
최고층수	15층	최저층수	15층
난방 방식	개별	난방연료	도시가스
총 주차대수	1,000대	건설업체	뉴서울건설주택
관리사무소	032) 514-3633		

면적별 시세

면적㎡	매매가		
	하위 평균가	일반 평균가	상위 평균가
56.19	14,750	16,250	16,900
62.81	16,000	17,500	18,000

(2) 계양구 – 작전동, 용종동

　계양구는 부평구와 함께 재개발 지역이 많다. 전철역 인근으로 재개발 빌라 지역이 집중되어 있다. 오히려 전철역과 떨어진 계양구청 근처 계산 택지 지역 쪽 대규모 아파트 단지가 선호지역이다. 학교, 마트, 구청 등 편의시설이 잘 갖추어 있어 지역주민들의 만족도가 높다. 재개발 빌라와 나 홀로 아파트가 많이 섞여 있는 쪽은 잘 확인해야 한다.

　계양구는 인천 전철 1호선을 이용해서 계양역 환승이 가능하다. 공항철도는 고속전철로 계양역에서 서울역까지 28분 내외로 접근이 가능하다. 서울 중심지까지 20km가 넘는 거리임에도 공항철도를 이용해서 빠르게 진입할 수 있다.

　인천 계양구의 택지 지역은 계양구청 근방인데 평지에 학교, 편의시설이 잘 갖추어져 있다. 서울 출퇴근 직장인도 많다. 계양역 공항철도를 이용해서 서울 업무지구로 접근할 수 있기 때문이다. 공항철도를 이용해서 상암 DMC 업무지구로 출퇴근하는 사람들은 전철 시간만 봤을 때 25분 거리로 짧은 시간에 이용할 수 있다. 공항철도 종점인 서울역은 강북 업무지구로 출퇴근하는 사람들이 많이 이용한다. 또 강남 업무지구로 출퇴근하는 사람들은 먼 거리기는 하지만, 김포공항역에서 환승해 전철 9호선 급행을 이용한다.

계양구 중에서도 병방동은 인천 전철 1호선 임학역 주변 지역을 말한다. 임학역 앞에는 재래시장과 상가, 은행, 학원 등 다양한 편의시설이 있다. 이외의 병방동 지역은 대부분 재개발 다세대 지역이다. 병방동은 계양구 중에서도 교통이 가장 좋은 지역에 속한다. 인천 전철 1호선 임학역을 이용해서 계양역으로 가서 인천공항철도로 환승하면 서울 주요 업무지역을 손쉽게 이용할 수 있다. 도로 또한 바로 앞에 서울 외곽순환 고속도로 계양 IC가 있어서 편리하다.

> **상암 DMC 업무지구** : 공항철도 계양역 ▶ 디지털미디어시티역 – 평균 소요 시간 16분

지역 대표 꼬마 아파트

● **계양구 병방동 433-1 학마을 한진아파트**

병방동 학마을에는 네 개 단지가 있다. 서해아파트, 영남아파트, 서원아파트, 한진아파트다. 한진아파트는 인천 전철 1호선 임학역 출구에서 직선거리는 약 300m지만 돌아서 가야 한다. 실제 거리는

약 500m다. 1998년 입주한 아파트로 1,500세대 대단지다. 학마을 전체로 따지면 4,000세대가 넘는 대규모 단지다. 시세는 공급면적/전용면적 기준으로 56.19㎡(17평)/39.84㎡(12평) 현재 1억 4,500만 원 내외다.

강남 업무지구 : 인천 전철 1호선 임학역 ▶ 공항철도 계양역 환승, 김포공역 9호선 환승(급행) ▶ 신논현역 – 평균 소요 시간 55분

강북 업무지구 : 인천 전철 1호선 임학역 ▶ 공항철도 계양역 환승 ▶ 서울역 – 평균 소요 시간 40분

ⓒ네이버 ⓒKB부동산 ⓒ한국거래소시스템즈 ⓒ한국감정원 ⓒ디자인넷

[병방동]학마을한진 정보

단지명	학마을한진	입주년월	1998.11.
면적종류 (㎡)	[56.19/39.84], [69.42/49.77], [79.33/59.73]		
상세 주소	지번주소	인천광역시 계양구 병방동	
	도로명 주소	인천 계양구 용종로 124(병방동)	
총 세대수	1,500세대	총 동수	14개 동
최고층수	15층	최저층수	15층
난방 방식	지역	난방연료	열병합
총 주차대수	1,500대	건설업체	한진건설
관리사무소	032) 546-9423		

면적별 시세

면적㎡	매매가		
	하위 평균가	일반 평균가	상위 평균가
56.19	12,750	14,500	15,000
69.42	17,250	18,750	19,500
79.33	19,750	21,500	22,000

여러 장소를 살펴보았다. 이 중에서 자신의 조건에 가장 적합한 곳부터 먼저 다니면 된다. 이곳들은 내가 전부 발품을 팔아 알아낸 황금지역들이다. 서울 수도권 수백 군데를 돌아다녀서 찾은 곳이다. 집을 마련하고자 하는 당신에게는 최적의 장소일지 모른다.

하지만 나는 단지 조언자일 뿐이지 당신이 집을 갖고자 하는 목적을 알지 못한다. 집을 얻고자 할 때는 언제나 자기의 목적을 잃지 않아야 한다. 왜 집을 사려고 하는지 목적을 잊지 말고 앞에서 가르쳐줬던 대로 차근차근 공부를 해나가자. 이 지역에 당신의 보금자리가 있을 수도 있고 그렇지 않을 수도 있다.

내 집을 마련할 때 결코 선택과 집중이라는 테두리를 벗어나서는 안 된다. 선택과 집중 속에서 황금지역을 익혔다면 이제 실전으로 들어가 내 집을 마련할 수 있는 마인드맵을 만들어보자.

5장
내 집 마련 마인드맵 만들기

구체적인 전략을 시각화하라

15

내 집을 마련할 때 전략은 필수다. 자신의 꿈을 담은 큰 계획 안에서 작은 계획들을 세우고 하나씩 실천해 나가야 한다. 집을 구할 때, 나의 목표가 무엇인지 차분히 앉아 하나씩 종이에 적어보자. 되도록 구체적인 숫자와 날짜도 적고 그림도 그려보자. 이것이 바로 마인드맵이다.

'2018년 1월까지 내 집 마련하기.'
'2016년 10월 현재 총 자산은 전세금 5,000만 원.'
'2017년 12월에 2,000만 원짜리 적금을 탄다. 그러면 2017년 12월에 총 자산은 7,000만 원(제발 그 안에 큰일이 일어나지 않기를).'
'출퇴근길이 최대 한 시간 넘지 않기.'
'내 직장은 종로, 종로에는 집도 없고 있어도 비싸니까 제외하고 1호선과 3호선 전철역 위주로 꼬마 아파트 뒤지기.'

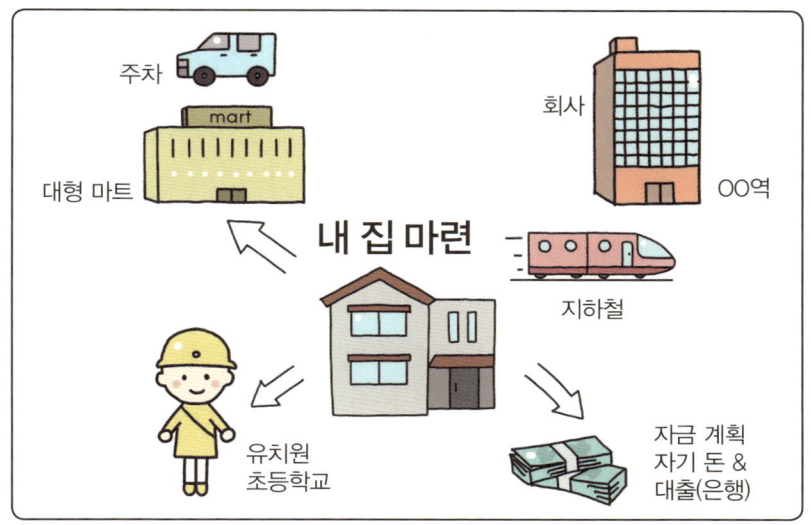

'혼자 사는 나에게 꼬마 아파트 최소 평수도 땡큐!'

'첫째, 셋째 토요일은 전철 1호선 라인을 따라 부동산을 두 군데씩 방문.'

'둘째, 넷째 토요일은 전철 3호선 라인을 따라 부동산을 두 군데씩 방문.'

'나는 여자니까 너무 외진 곳은 안 된다.'

'일단은 나 혼자 살 거니까 인테리어 비용은 최소한으로. 최대 500만 원까지만 쓰기.'

'마이너스통장 담보 대출 한도는 주거래 은행인 ○○은행에서 알아보기.'

이렇게 자신에게 중요한 것과 필요한 것을 하나씩 적어가면서 마인드맵을 만들어보자. 하루아침에 완성하려 하지 말고 꾸준히 생각나는 대로 덧붙여 나가면 된다. 실현 가능하고 구체적일수록 좋다. 직장 가까운 곳에 집을 구하고 싶은가? 그렇다면 출퇴근 거리가 짧은 대신 집이 좀 좁은 것도 감수해야 한다. 반대로 아기가 태어나서 같은 가격에 좀 넓은 집을 구하고 싶다면 출퇴근길이 멀어서 고생하는 것도 감수해야 한다.

자신의 목표인 내 집 마련을 마인드맵으로 시각화했다면, 다음으로는 집 크기와 구조도를 구체적으로 익혀야 한다. 적어도 내가 살 집이 어느 정도 크기이고 어떻게 생겼는지는 알아야 하지 않을까? 내 아이가 어떻게 생겼는지 모르는 부모는 없을 것이다. 집은 나를 안전하게 지켜주는 곳이기도 하지만 반대로 무슨 문제는 없는지 관심을 두고 끊임없이 관리할 곳이다. 그런 점에서 집은 아이와도 같다.

집의 크기와 구조도가 머릿속에서 정리될 때까지 원하는 집의 사진을 찍어서 자주 보는 게 좋다. 아파트 내외관뿐만 아니라 부동산 사이트를 통해서 관련 정보를 익혀라. 내 집을 마련하려면 이 정도 준비는 아무것도 아니다.

> **내 집 마련 체크리스트 6**
> 1. 나의 목표를 마인드맵으로 시각화하기
> 2. 인터넷, 모바일로 사전 조사하기
> 3. 시세 지도 만들기
> 4. 자금계획 엑셀표 만들기
> 5. 부동산에 방문해서 현장 조사하기
> 6. 집을 매수하고 수리하기

하지만 이런 움직임조차 하지 않고 게으름만 피운다면 내 집 마련은 먼 나라 이야기가 된다.

행복한 보금자리를 생각하며 오늘부터 차근차근 하나씩 준비해보

자. 처음에는 뭐가 뭔지 몰라 어두운 터널을 지나는 기분이 들겠지만, 열심히 익히다 보면 그 터널의 끝에 밝은 빛이 보일 것이다. 그리고 그 터널의 끝에 당신이 고생해서 찾은 집이 기다리고 있을 것이다.

"어서 오세요. 오시느라 고생하셨습니다!"

아, 우리 집! 종이 한 장과 펜을 준비하고 마음의 계획을 적어라. 적는 순서가 따로 있는 것이 아니다. 아주 사소한 것이라도 좋으니 생각나는 대로 목표, 계획, 실천 사항을 쓰고 또 써라. 그러면 점점 시각화, 구체화될 것이다.

목표를 세우고 '자금계획'을 세웠다면 현장으로 달려갈 차례다. 좋은 가격에 좋은 집을 얻으려면 원하는 지역의 현재 시세를 알아야 한다. 따라서 관심 지역 아파트의 시세를 확인하고 기록해서 관심 지역 시세 지도를 만드는 게 좋다. 직접 만들어보면 알겠지만, 아파트 시세는 지역과 함께 한눈에 들어와야 하므로 시세 지도를 한 장으로 만드는 게 편하다.

내 집을 마련할 때 항상 문제가 되는 것은 자신이 사용할 수 있는 자금이다. 예를 들면 총 자금 2억 5,000만 원(부부자금 7,000만 원 + 주택담보대출 1억 3,000만 원 + 부모님 지원 5,000만 원)을 들고 어떤 집을 고를 것인가? 집이 좀 좁아도 출퇴근이 좋은 아파트를 구할 것인가? 출퇴근이 조금 고되어도 넓은 아파트를 구할 것인가? 아니면 육아를 위해 친정 부모님 옆으로 갈 것인가?

앞에서도 언급했듯이 20~30대 맞벌이 부부라면, 집이 좁아도 출퇴근이 가까운 곳이 좋다. 시간, 차비, 에너지 등을 아낄 수 있는 장점이 있다. 집이 좁다고 툴툴거릴 것도 없다. 다리 뻗고 자는 공간은 두 평이면 충분하다. 5인용 소파, 4인용 식탁, 김치냉장고, 식기세척기까지 다 갖추고 시작하려는 것은 욕심이다. 하나씩 장만해 가는 즐거움도 쏠쏠하다.

만약 좋은 지역과 넓은 평수 중 어느 것을 선택할지 고민한다면, 나는 좋은 지역을 권할 것이다. 절약한 시간과 돈으로 저녁 시간을 즐겨라. 넓은 집보다 더 중요한 것은 집에서 보내는 자신의 휴식 시간이다.

 시세 지도를 만들어라 16

집을 처음 장만하는 사람들과 이야기를 나누다 보면 참으로 뜬금없다는 생각이 들 때가 있다.

"선생님, 아파트는 로열층이 좋지요? 남향이면 더 좋은 거 아니에요? 기왕이면 드레스 룸이 있고 주방도 넓으면 좋겠어요."

"지역은 정하셨어요? 회사와 가까운 곳인가요? 아니면 직장 다닐 때 육아 문제는 생각해보셨어요?"

그러면 그들은 의아하다는 듯이 대답한다.

"집이 깨끗하고 그냥 편하면 되는 거 아니에요? 그런 조건까지 다 따져야 해요?"

정말 집을 사고 싶은 걸까? 멀뚱멀뚱 나만 쳐다보는 그들의 마음이 의심스러울 때가 한두 번이 아니었다. 설마 집을 살 때 이것저것 따져보지 않고 대충 사려는 것은 아니겠지? 에이, 설마. 몇 년을 살게 될 집인데. 재산 1호가 될 집을 무턱대고 산다고? 말도 안 되지. 그러나 부동산 현장을 가보면 가끔 그런 말도 안 되는 생각을 하는 부부들이 있다.

관심 있는 아파트를 보러 임장을 가기 전에 기본적으로 준비할 사항이 있다. 그 동네의 전체 지도 정도는 볼 줄 알아야 한다. 당신은 우리나라 전체 지형이 어떤 모습인지 안다. 그런데 그보다 작은, 당신이 현재 사는 동네의 모습은 그릴 줄 아는가? 앞으로 당신이 살게 될지도 모를 동네 모습 정도는 파악하고 임장을 하러 가야 한다.

지도를 보고 관심 있는 아파트가 어디에 있는지 파악했다면, 그다음으로 아파트 주변을 살펴야 한다. 아파트에만 콕 박혀 살 수 없으니까. 가족들과 마트도 가고, 병원도 가고, 때로는 공원에도 갈 것이다. 그러니 주변에 어떤 편의시설들이 있는지 알아야 한다.

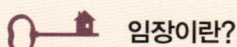

임장이란?
관심 있는 동네에 직접 현장조사를 하러 가는 것을 말한다.

편의시설까지 확인했다면 관심 동네의 주택 가격을 전체적으로 살펴야 한다. 그리고 조사한 가격을 임장 때 들고 가서 확인해야 나중에 실수하지 않는다. 요즘 임장을 나가보면 지도 대신에 스마트폰을 들고 왔다 갔다 하는 사람들을 볼 수 있다. 마치 자기 손에 모든 정보가 들어 있다는 듯이 스마트폰 화면에 코를 박고 스크롤을 하느라 손가락만 까딱거리고 있다. 그렇게 해서는 지역 전체 시세 흐름을 제대로 알 수 없다.

시세는 집을 지역별, 단지별로 비교할 수 있는 기준이 된다. 부동산 공부를 처음 하는 사람들은 이것을 힘들어한다. 그래서 나는 초보자들이 좀 더 쉽게 주택 가격 비교를 할 수 있도록 오래전에 '시세 지도'라는 것을 만들었다. 시세 지도는 말 그대로 내가 원하는 지역의 주택 가격을 지도에 메모하는 것이다. 시세 지도는 판매하는 것이 아니니 자신이 직접 만들어야 한다.

시세 지도를 그리다 보면 관심 지역의 지도를 꼼꼼히 살펴보게 되고 그 지역 아파트들의 가격이 눈앞에 펼쳐지는 신기한 경험을 하게 된다. 심지어 가격이 높은 곳과 낮은 곳의 공통점과 차이점까지 발견하게 된다. 바로 이 구별하는 안목이 중요하다. 보는 눈을 가지면 아파트의 가치도 자연스레 알게 되기 때문이다.

예를 들면 새로 지어진 아파트에 프리미엄이 얼마나 더 붙었는지, 20년 된 아파트가 얼마나 저평가됐는지 알 수 있다. 시세 지도는 단순히 시세만 적어놓은 지도가 아니다. 처음에는 주변의 아파트 가격이 궁금해서 시작한 지도지만 주변 아파트들을 꼼꼼히 조사하다 보면 가격 이외의 것들이 보인다.

"A 아파트가 이렇게 높은 가격을 받는다는 건 너무 심하지 않아요? 학군이 중요하네요. 20년이 넘어도 가격 면에서 A 아파트가 주변에서 절대 강자예요."

"이 주변 아파트 중에 가격 면에서 가장 아쉬운 아파트가 B 아파트예요. 구조가 주변 아파트 중에 가장 잘 빠졌는데 주변 환경이 영 별로예요. 편의시설이 너무 없어요. 그거 아세요? 이 주변에는 슈퍼도 없고 편의점 하나만 덜렁 있어요."

'오, 언제 그런 것까지 조사했지?' 시세 지도를 들고 가격과 주변 환경까지 말하는 수강생들을 보면 내가 다 흐뭇하다. 그들은 아파트 가격의 상승과 하락의 요소가 무엇인지 금세 파악하게 된다. 그리고 주변 환경까지 걱정하는 모습은 마치 그 지역 현지 주민 같다.

모르긴 몰라도 실질적으로 그들에게 그 지역의 발전 안을 내놓으라고 하면 책상 앞에만 앉아 있는 지역 발전 담당자보다 더 전략적인 대안을 제시할지도 모른다. 당연히 그럴 수밖에 없다. 그들은 자신이 선택한 지역에 누구보다 애정이 있으며, 아울러 그 지역이 다른 사람들에게도 선호되기를 바라기 때문이다.

다시 말해, 시세 지도를 만들 때 아파트 매매, 전세 시세만 써넣는 것이 아니다. 먼저 지역 정보를 모으는 것부터가 시세 지도 만들기의 시작이다. 정보 검색을 통해 그 동네에 있는 백화점, 마트, 공원, 병원, 학교 등을 지도에 전부 표시하면 어느 지역에 무엇이 부족한지 볼 수 있다.

또한, 자기 동네에 대해 주민들이 올린 의견이나 사진 등도 체크 해야 할 부분이다. 보이는 것보다 실제 사는 동네 사람들의 말을 귀담아들을 때 더 정확한 정보를 얻을 수 있다. 이렇게 지역 정보를 하나둘씩 모으면 이 지역에 가보고 싶다는, 마음이 동하는 동네가 나온다.

"이렇게 살기 좋은 곳이라면 한 번 가볼까?"

호기심과 흥미가 생겨야 그곳으로 발이 움직이는 것이다. 흥미가 생기면 관심이 가고, 관심이 가면 그곳에 가보고 싶지 않을까? 여행처럼 말이다. 말하자면 임장은 국내 여행이다.

'아, 이곳에 나도 가고 싶다.'

이런 마음과 호기심이 드는 것이 시세 지도의 장점이다. 만약 이런 마음이 든다면 그곳으로 떠나라! 시세 지도 한 장과 함께. 나는 임장을 즐거운 여행이라고 생각한다. 낯선 곳은 언제나 나를 설레게 한다. 당신은 여행을 계획할 때 무엇부터 하는가? 옷을 먼저 싸지는 않을 것이다. 아마 서점에 가서 여행할 나라의 정보서를 잔뜩 사지 않을까? 인터넷에서 여행지에 대한 지역 정보를 열심히 모을 것이다. 먼저 갔다 온 사람들의 후기, 블로그 글, SNS 글, 사진 등을 통해서 미리 사전 조사를 할 것이다.

그리고 여행지 지도에 다음 사항을 표시할 것이다. 가서 꼭 보아야 할 것, 맛집, 움직일 동선, 주요 지역 거리, 시간, 교통수단 등등. 다양한 정보를 아주 빼곡히 지도 위에 적어놓을 것이다. 그 지도 한 장으로 모든 것을 알 수 있도록. 이게 바로 시세 지도다.

당신이 여행가기 전에 준비하는 사항 정도만 신경 쓰면 된다. 조사 날짜도 적어놓으면 관심 지역의 물건별 가격 변동을 알 수 있어 좋다. 시세 지도를 만들 때 포인트는 아파트 가격을 먼저 생각하는 것이 아니다.

시세 지도란?

내가 새롭게 만든 개념으로, 지도 위에 관심 지역 아파트 시세와 주변 사항을 적는 것이다. 좋은 집을 좋은 가격에 사는 데 필요한 근거 자료를 만드는 것이라고 보면 된다. 주택 매입을 위한 특화된 지도로 아파트 가격을 시각화한 것이다. 시세 지도를 만들 때마다 날짜를 기재하면 시세 변화 과정을 한눈에 파악할 수 있다. 시세 지도를 만들면 지역별 시세가 시각화되어서 내 집 마련에 탄력이 붙는다. 생각만 하지 말고 반드시 실행하자.

시세 지도 만들기

1단계 - 관심 지역 지도를 구한다.
2단계 - 아파트 단지별, 평형별, 매매, 전세 가격을 적고 근처에 신규 아파트가 있다면 분양 가격을 적는다.
3단계 - 편의시설(전철역, 버스 노선, 마트, 백화점, 공원, 병원, 학교, 학원 등)을 표시한다.
4단계 - 시세 지도 안에서 입지별 아파트 가격 가성비를 비교 평가한다.

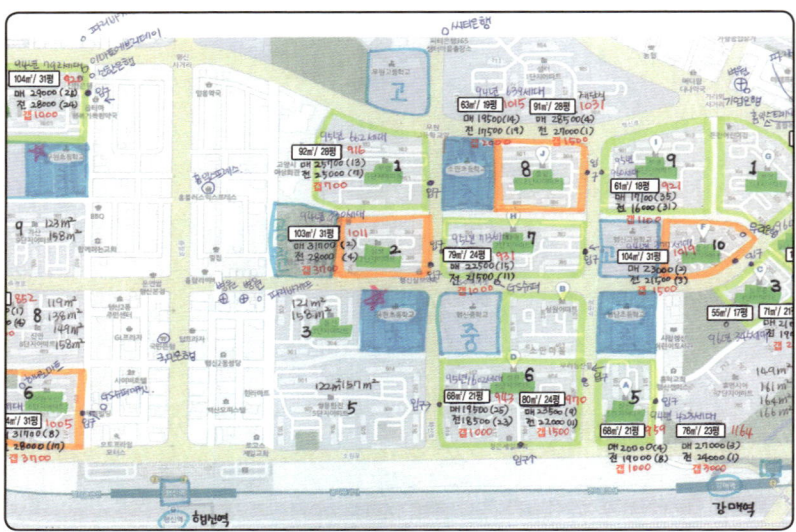

시세 지도 만들기 1 – 관심을 둔 아파트를 중심으로 범위를 확장해서 인근 지역의 시세도 함께 조사한다. 자세하게 많이 조사할수록 현장에서 도움이 된다. 학교, 은행, 마트, 병원 등 편의시설도 표시한다.

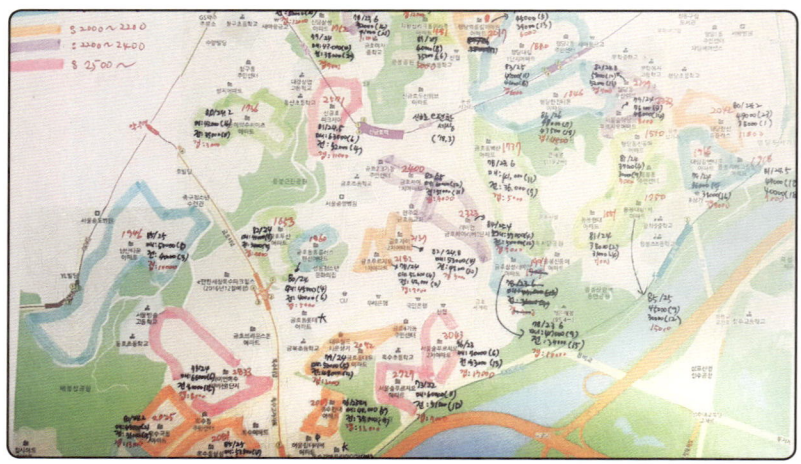

시세 지도 만들기 2 – 전철역 근처의 중요 시세는 변동사항까지 기록한다. 비싼 단지와 그렇지 않은 단지들을 색으로 구분한다.

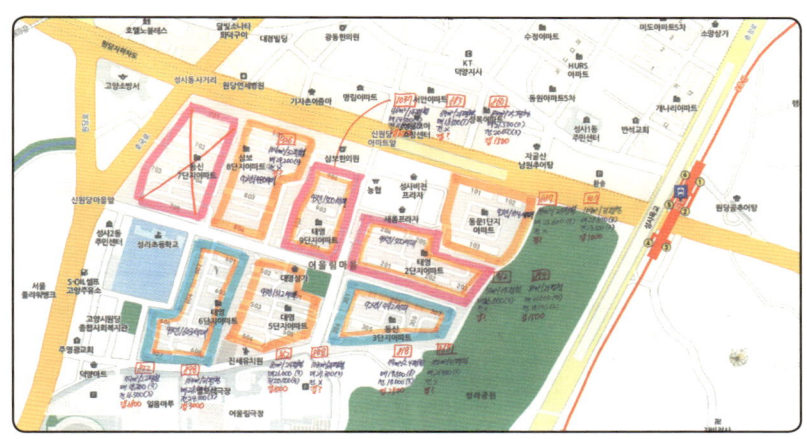

시세 지도 만들기 3 – 시세 지도를 그릴 때 관심 있는 아파트 단지는 확대해서 조사한 내용을 기록하고, 관심을 두는 평형대의 아파트가 없는 단지는 과감하게 ×표를 한다.

주변 지역 전체 시세부터 파악하는 것이다. 정확하게 만든 시세 지도가 내 집 마련의 핵심 가이드 역할을 톡톡히 할 것이다.

여행은 세 번 간다는 말이 있다. 첫 번째는 여행을 먼저 다녀온 사람들의 후기를 읽어보거나 지도와 사진을 찾아보고, 두 번째는 실제 여행지에 가서 직접 보고 느끼고, 세 번째에는 다녀온 여행지의 사진을 보며 추억하는 것이다. 시세 지도도 마찬가지다. 임장 전에 미리 조사해 보고, 임장할 때 가져가서 사전 조사가 맞나 체크하고 활용한다. 갔다 와서는 다시 시세 지도를 들여다보면서 부족한 부분을 채우면 된다. 이렇게 당신이 열과 성을 다해 만든 시세 지도를 스마트폰에 있는 정보와 감히 비교할 수 있겠는가? 노력으로 보나 정성으로 보나 당신이 만든 시세 지도만 한 것은 세상 어디에도 없다. 이제 시세 지도의 적극적인 활용은 자신의 몫이다.

6장
실전으로 익히는 내 집 마련 노하우

내 집 마련을 하면서 배우는 경제 이야기 17

실물 경제를 배워라

내 집 마련은 피 같은 내 돈이 들어가는 '진짜 경제 이야기'다. 집을 산다는 것은 중요한 경제 행위다. 나로서는 가족을 위해 보금자리를 마련하는 개인적인 행동이지만, 사회 전체 입장에서는 경제를 움직이게 하는 하나의 요소다.

부동산 공부를 하기 전에는 회사 생활이 우리나라 경제를 움직이는 데 일조한다는 거창한 생각을 해본 적이 없었다. 그냥 보통의 월급쟁이들이 그렇듯 한 달 벌어 한 달 사는, 내 입에 풀칠하기 급급한 삶을 살았기 때문에 미시경제나 거시경제에 관심을 둘 여유가 없었다. 그때 나는 어디를 향해 달려가는지 생각조차 못 할 만큼 바쁘게 회사 생활을 하고 있었다.

그런데 부동산 재테크를 시작하면서 우리나라 경제를 생각하게 되었다. 아마 월급쟁이 생활만 했다면 여전히 나라 경제에는 그다지 관심이 없었을 것이다. 나라 경제? 그게 뭐? 나만 잘살면 되지. 하지만 제대로 경제 공부를 해본 사람이라면 나만 잘산다고 잘 살아지는 게 아니라는 것을 안다. 혼자만 운전을 잘한다고 해서 사고가 안 나는 것은 아니다. 운전할 때는 나도 조심해야 하지만 그에 못지않게 방어 운전도 잘해야 한다.

2008년 경제 위기가 왔을 때 절실히 깨달았다. 나라 경제가 엉망이 되자 수도권 부동산 경기도 얼음판이었다. 같이하던 부동산 관련 업종 종사자들 중에는 그 시기를 참지 못하고 다른 일을 찾아 떠난 이들이 많았다.

경기가 점점 더 나빠지자 나에게 그러다 쫄딱 망한다고 부동산에서 손을 떼라며 걱정하는 친구들도 있었다. 그러나 나는 경기는 다시 회복될 것이고 그에 따라 부동산 시장도 풀릴 것이라고 믿었다. 결국 경기는 다시 좋아졌고 부동산 경기도 풀렸다. 그때 내가 느낀 것은 하나가 망하면 다 망한다는 것이었다. 특히 국가 경제의 중심이 되는 건설과 부동산 분야는 나라의 경제와 직결되어 있어서 분위기가 그대로 전해졌다. 순망치한(脣亡齒寒). 입술이 없으면 이가 시리다고 했던가. 딱 이 말이 정답이었다.

나는 아파트를 사면 세를 놓기 전에 직접 리모델링을 해야겠다고 생각했다. 그리고 실천에 옮겼다. 어떻게 하면 적은 돈으로 좋은 효과를 볼 수 있는지 인테리어를 공부했다. 그때 인테리어에 들어가는 자재들을 직접 구하러 다니면서 을지로 방산시장 자재 도매 가게 사장들과 친분을 쌓았다. 자주 찾아가서 이것저것 물어보다가 리모델링 가게를 할 거냐는 소리도 들었다.

나라 경제가 한참 좋지 않았을 때, 우리는 머리를 맞대고 나라 경제 때문에 우리까지 망하겠다고 서로에게 하소연했다. 외상만 늘고 돈이 안 돌아 죽을 지경이라며 지물포 사장이 입을 열면 마치 돌림 노래처럼 철물점 사장도 한마디하고, 전등 도매상 사장도 한마디하고 나도 한마디했다. 힘든 시기였지만 그들은 진심으로 내 사업이 잘되길 바랐다.

"사장님이 잘돼야 우리가 모두 먹고사는 거, 알죠? 다른 사람들도 자기 살 집 아니라고 대충 도배만 해서 세를 놓지 말고 사장님처럼 리모델링을 싹 다하면 얼마나 좋아요."

"여기 이렇게 있지 말고 빨리 부동산 나가서 또 다른 집이 있나 알아봐요. 오늘은 어느 지역으로 간다고 했죠?"

그들은 현장으로 가라며 내 등을 떠다밀었다. 집을 사서 리모델링 하면 서너 개의 자재 가게가 동시에 움직인다. 아파트 한 채 리모델링 하는 데도 이렇게 움직이고, 몇천 가구가 들어서는 건설사 대단지 아파트 사업에는 엄청난 양의 시멘트, 철근, 자갈, 모래, 섀시, 싱크대, 도배지, 장판, 전등, 타일, 욕조 등 수천 가지의 자재가 필요하다. 게다가 많은 인력까지. 이렇게 아파트 공사에는 많은 사람의 밥줄이 달려 있다. 많은 회사가 공장을 돌리고 자재를 사고 사람을 고용한다. 부가 사업으로 공인 중개소, 이삿짐센터, 가구 회사도 직접적인 영향을 받는다.

만약 관련된 자재들이 수입되면 무역 회사도 집짓기에 도움을 줄 것이다. 국가 간 무역으로 수출, 수입이 발생하면 제품 수출입을 위해 항구가 확장되고 선박을 이용한 물류가 발달할 것이다. 생각해보니 우리나라 경제가 이웃 나라 경제에도 영향을 준다. 지구촌은 한 가족이니 그럴 수밖에 없다.

집 하나를 위해 여러 사람이 각자 맡은 일에 최선을 다하는 것이다. 당신은 개인과 사회가 맞물려 돌아가는 '진짜 경제 이야기'를 내 집을 마련하면서 자연스레 느끼게 될 것이다. 나로서는 이런 실물 경제를 느끼는 것이 집을 얻은 것 외에 또 다른 수확이었고, 세상과 경제에 눈을 떠가는 경험이었다.

대출 상품을 조사하라

국토부 2015년 조사 자료에 의하면 신혼부부 전체 84%가 '내 집 마련을 꼭 해야 한다'고 생각한다고 답했다. 그런데도 내 집 마련을 못하는 이유는 무엇일까? 집을 산 신혼부부들에게 물어보면 둘이서 모은 돈만 가지고 집을 마련한 경우는 드물었다. 가장 많이 내 집 마련 상담을 해오는 서울 수도권 신혼부부 사례를 보면 보통 둘이 마련한 돈 8,000만 원, 부모님 지원 7,000만 원, 대출 1~2억 원을 합해서 평균 2억 5,000만~3억 5,000만 원 정도로 내 집 마련 예산을 짠다.

또 신혼부부 중에 60% 정도가 대출을 가지고 생활한다고 한다. 대출을 받은 신혼부부 88.3%가 내 집 마련이나 전·월세 보증금을 위해 대출했다고 한다. 또 다른 자료를 보면 순수한 부부의 자금으로만 집을 구한 신혼부부는 19.7%밖에 되질 않는다. 대부분 은행 대출이나 부모들의 도움으로 신혼집을 구한다는 이야기다. 도움을 받지 않겠다는 생각보다는 부모님이든 은행에서든 도움을 받고 빨리 자리를 잡고 평생 갚아나가는 전략이 더 유리한 걸 알 수 있다.

실제로 신혼부부 한 가구가 한 채의 집을 사는 것은 정부에서도 적극적으로 권장하는 사항이다. 이런 실수요자 중심의 내 집 마련 가구를 위한 저금리 대출 시스템이 잘 갖추어져 있다. 정부 지원 대출을 이용하면 더 좋은 조건으로 돈을 빌릴 수 있다.

현재 2016년 대출 금리는 2%대로 역사상 가장 낮은 금리로 돈이 풀렸다. 이렇게 대출이자 부담이 적었던 적은 없었다. 내 집을 마련하고 싶다면 지금이 기회일 수 있다. 내 집 마련을 위한 대출 상품 중에 나에게 맞는 것을 선택하여 집을 마련하고 강제 저축으로 대출을 갚아나가는 것도 재테크의 방법이다.

경제 개념을 익혀라

내 집 마련을 하면서 생전 처음 은행 대출 창구에 가서 상담을 받았다. 여행사 상품처럼 다양한 조건의 대출 상품이 눈앞에 쫙 펼쳐졌다.

"이렇게나 대출 상품이 많다니."

은행 직원의 설명을 들으며 나한테 어떤 대출 상품이 가장 적합한지 알아나갔다. 금리 고정 vs 변동, 중도상환 수수료 ○년 ○○% 면제, 그리고 나의 신용 등급은 몇 등급인지를 따져보았다. 신용 등급이 높을수록 대출 이자는 싸다. 은행은 신용이 높은 사람한테 대출을 많이 해준다. 신용 등급은 은행이 어떤 사람에게 돈을 빌려줘도 안전한지, 그렇지 않은지를 판단하는 기준이 된다. 즉, 당신의 신용 등급이 높다면 은행은 당신이 안전하다고 생각하고 싼 이자로 돈을 빌려줄 것이다. 대출을 받기 전까지 나는 신용 등급은 생각지도 않고 살았는데, 대출 상담을 받은 후에야 신용 등급이 돈이 된다는 사실을 처음 알았다.

우리가 사는 사회는 자본주의 사회다. 계급은 없지만 신용 등급은 존재한다. 은행에서 받는 대우는 신용 등급에 따라 다르다. 학교에서는 모든 사람은 평등하다고 가르친다. 하지만 현실은 그렇지 않다는 것을 사회에 나와서야 깨달았다. 현대사회에서 신용은 생명과 같다. 절대로 자신의 신용을 떨어뜨리는 일은 하지 않아야 한다.

집을 사려는 사람에게 '경제 개념'은 기본이다. 어려운 경제 공부를 하라는 얘기가 아니라 비용이 뭔지 자금 계획이 뭔지 정도는 지금부터라도 공부해두는 게 좋다는 것이다.

경제가 내 삶과 무슨 관련이 있을까? 나도 학창시절에는 나와 관련 없는 '공부'를 하면 머리에 쥐부터 났다. 사실 경제 개념이 있는 학생들은 거의 없다. 하지만 나와 관련된, 내가 좋아하는 '공부'를 하면 상황이 달라진다. 누구나 자신이 좋아하는 게임은 누가 가르쳐주지 않아도 밤을 새워 게임의 룰을 터득한다.

경제 공부도 마찬가지다. 나와 관련된 것부터 알아나가야 쉽게 습득한다. 무엇이 싸고 무엇이 비싼지, 이 물건을 사면 나한테 이득인지 손해인지, 이 물건을 당장 사면 나중에 얼마만큼의 가치가 오를지를 알아가는 공부가 나와 관련된 진짜 경제 공부다.

신용은 항상 꾸준히 관리해야 한다. 소액이라도 절대로 카드 대금, 공과금 등을 연체하지 말고, 급하다고 신용카드 현금 서비스를 자주 이용하지 말아야 한다. 현금 서비스를 자주 사용하면 은행에서는 자금 계획이 전혀 없이 사는 사람으로 생각해서 신용 등급을 깎는다.

특히 대출은 시중 은행과 제2금융권(신협, 새마을)까지만 해야 한다. 제3금융권(카드사, 캐피탈, 저축은행)까지 이용하면 신용 등급 하락을 감수해야 한다. 자신의 신용 등급은 스스로 조회해서 관리하는 습관을 들이는 것이 좋다. 요즘은 인터넷으로 자기의 신용 등급을 조회하고 관리하는 것이 가능하다. 적은 비용으로 연간 회원이 되어 가족 전체의 신용도도 관리하면 편하다.

나는 내 집 마련을 하면서 부동산을 배웠고 우리나라 경제 시스템을 배웠다. 경제가 나와 동떨어져 있는 것이 아니라 내가 살아가는 세상 자체가 경제라는 것을 알았다. 뉴스에 나오는 금리 소식에 귀를 쫑긋 세우고, 집값 소식에 TV 볼륨을 높였다. 세상 돌아가

> **신용 등급 하락에 영향을 미치는 행위는?**
>
> ① 신용카드 현금 서비스와 카드론을 사용한다.
> ② 신용카드 대금, 공과금 등 납부 기간을 놓쳐 연체한다.
> ③ 제3금융권(저축은행, 카드사, 캐피탈 등)에서 소액 대출을 받는다.
>
> 몇 번이 가장 큰 영향을 미칠까? 정답은 ①, ②, ③ 모두 신용 등급을 깎아먹는 위험한 행위다. 위의 보기 중 하나라도 해당되는 사람은 생활 패턴을 하루라도 빨리 바꾸는 것이 좋다. 그렇지 않으면 내 집 마련을 위해 대출 받을 때 큰 손해를 보게 된다.
>
> ***신용관리 대표 사이트**
> NICE 지키미 신용 등급 관리 www.credit.co.kr
> 신용 등급 조회 올크레딧 www.allcredit.co.kr

는 '새로운 소식(news)'이 결국 나와 모두 연관된 것이다. 경제를 알 면 내 삶에서 무엇을, 어떻게, 왜 해야 하는지 깨닫게 된다. 세상의 흐름을 알기 때문이다.

[사례] 내가 산 꼬마 아파트 2

**경기도 안양시 동안구 관양동 1589 한가람세경 50×동 ▽▽▽호
: 전용면적 49.68㎡(15평)**

2009년에 내가 산 꼬마 아파트는 급매물로 나온 것이었다. 안양시 평촌 신도시에서 살던 매도자가 갑자기 직장을 옮기는 바람에 시장에 내놓은 급매물이었다. 급하게 나온 만큼 가격도 시세보다 쌌다. 아파트를 싸게 산 대신에 내부 인테리어에 돈을 들였다. 나는 이 아파트를 몇 년 뒤에 2억 초반대에 팔았다. 그 후 부동산 경기가 풀리면서 이 아파트 역시 가격이 많이 올랐다. 이 꼬마 아파트의 현재(2016. 10.) 가격은 KB부동산 매매시세로 2억 8,250만 원이다.

돈을 시각화하라(자금계획 엑셀표) 18

가계부를 써서 빠져나가는 돈을 막아라

요즘은 대부분 직장인이 월급을 은행 계좌로 받는다. 옛날같이 월급을 봉투에 받아오는 것이 아니므로 월급날 통장에서 돈을 빼지 않는 이상 현금을 손으로 만질 일이 거의 없다. 또 편의점에서 음료수를 살 때도 카드를 사용하고, 최근에는 인터넷 뱅킹뿐 아니라 모바일을 이용한 간편 결제 서비스가 보편화되면서 현금 쓸 일이 더더욱 줄었다. 현금을 많이 사용하지 않다 보니 자기 돈이 늘고 줄어드는 것을 실감하기 어렵다.

월급날 통장에 돈이 들어와도 카드값, 보험료, 할부금, 공과금으로 순식간에 쑤욱 사라지는 경험을 해봤을 것이다. 월급이 월급통장을 스치고 지나간다고 표현해야 할 정도다. 그렇게 통장을 스치고 지나간 당신의 월급은 얼마나 될까?

우리나라 직장인 평균 연봉이 3,300만 원(2015년 기준)이라고 봤을 때, 10년간 직장 생활을 하면 3억 3,000만 원 정도를 버는 것이다. 생활비로 반 정도를 사용했다고 해도 최소 1억 5,000만 원 정도가 현금이나 순자산으로 남아 있어야 한다.

그렇지 않다면 당신은 잘 생각해 봐야 한다. 본 적도 없고 만져본 적도 없는 당신의 월급은 다 어디로 갔을까? 피땀 흘려 번 돈을 당신이 아니면 누가 가져간 것일까?

나는 내 집 마련을 통해 통장만 스쳐 가는 당신의 돈을 잡으라고 말해주고 싶다. 현금은 가지고 있으면 쓸 일이 생기고 남아나질 않는다. 쓸데없는 허세로 외제 차, 명품 백, 해외여행, 쇼핑에 마음을 뺏기지 말자. 지름신을 영접해 어렵게 번 돈을 쉽게 쓰는 어리석음을 범하지 말자.

이제라도 내 집을 마련한다면 낭비되는 돈을 막을 수 있다. 그래야 모래처럼 손가락 사이로 사라지는 월급을 지킬 수 있다. 내 집을 장만하는 순간 당신은 '집이 곧 골드 바'라는 것을 알게 될 것이다.

수많은 광고가 당신에게 돈을 쓰라고 유혹할 것이다. 내가 광고회사에서 일해봐서 안다.

"이것 사세요, 저것 사세요. 모든 사람이 당신을 부러운 눈으로 바라볼 거예요. 그러니 반드시 사세요."

공익광고를 빼고 모든 광고는 무엇인가를 꼭 사라고 날마다 유혹한다. 광고에 현혹되지 말고 월급을 차곡차곡 모아 내 집을 마련하자. 그러려면 신용카드를 없애고 가계부를 쓰는 습관부터 들이자.

자금 계획 엑셀표를 작성하라

집을 산다는 것은 일생에서 가장 큰 자금이 드는 일이다. 평생 생각지도 못한 엄청난 금액인 수억 원의 돈을 사용하는 일이라 더욱 꼼꼼하게 계산해야 한다. 내 집 마련의 시작과 끝은 자금을 어떻게 계획하고 마련하느냐가 핵심이다.

예를 들면 2억 5,000만 원짜리 아파트를 살 때 2억 5,000만 원을 다 자기 돈으로 사는 사람은 거의 없다. 대부분은 보통 집값의 50~70%까지 대출을 받고 산다. 만약 아파트를 사기 위해 1억 8,000만 원을 대출받았다면 나머지 돈인 7,000만 원만 들어가면 될까? 계산상으로는 그럴 것 같은데 꼼꼼하게 따져보면 그렇지 않다는 것을 알 수 있다. 거래 비용이 들기 때문이다. 자동차를 살 때처럼 취득세, 채권, 인지 중지대 등이 쓰인다. 부동산은 거기다 공인중개사 매매수수료도 생각해야 한다. 이러한 모든 자금을 정확히 예측해야 나중에 돈이 부족해서

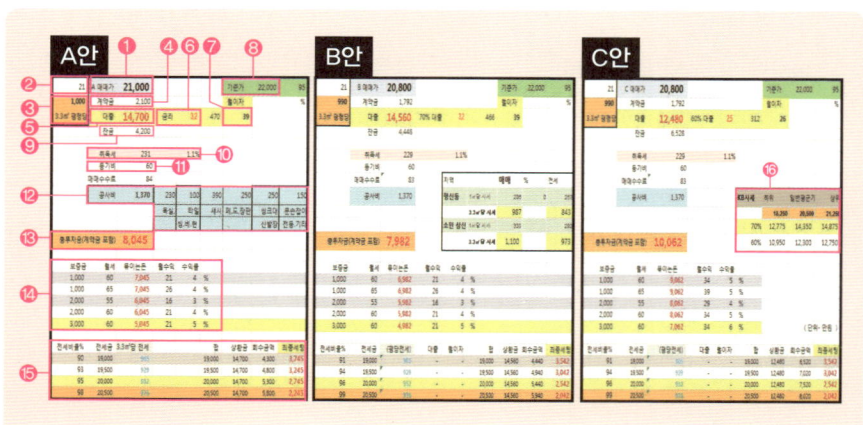

- ❶번 매도자가 2억 1,000만 원(A 안)을 부른 아파트를 2억 800만 원(B 안)까지 깎았을 경우.
- ❷번 공급면적
- ❸번 공급면적 3.3㎡당 가격
- ❹번 계약금. 보통 관례상 매매 가격의 10%. 때에 따라 조정이 가능하다.
- ❺번 대출 금액
- ❻번 대출 금리가 몇 %인지 적는다.
- ❼번 대출금에 대한 월 이자
- ❽번 평균가격
- ❾번 잔금 = 매매가격 − 계약금 − 대출 금액
- ❿번 취득세+지방교육세 1.1%
- ⓫번 등기 비용 = 인지 증지대, 법무사 비용, 국민주택 채권
- ⓬번 인테리어 공사 비용
- ⓭번 총액 = 대출을 제외하고 들어가는 총금액
- ⓮번 월세를 놓았을 경우 수익률
- ⓯번 전세를 놓았을 경우 세팅
- ⓰번 국민은행 KB시세. 대출을 받을 경우 이 시세를 기준으로 대출액이 나온다.

당황하는 일이 없다. 아래 자금 계획표로 정리를 해보자.

이렇게 내 집 마련을 할 때 필요한 자금을 '자금 계획 엑셀표' 한 장으로 총정리하면 얼마를 준비해야 하는지를 한눈에 보여 미리 계획할 수 있다.

위기라는 이름으로 다가오는 기회를 잡아라

회사에서 월급을 처음 받았을 때 마치 세상을 다 가진 듯했다. 이제 내가 사고 싶은 거 다 사야지 하며 겁 없이 돈을 마구 쓰기 시작했다. 월급을 받으면 쓰고, 받으면 쓰고, 그때는 너무 어렸다.

"너, 그렇게 돈 쓰면 장가는 어떻게 가냐? 돈은 모으고 있냐?"

부모님은 겁 없이 돈을 쓰는 나를 걱정하셨지만 나는 걱정하지 않았다. 일을 하는 한 월급은 계속 나올 텐데 걱정할 이유가 없었다. 그러나 부모님의 걱정을 덜어드리기 위해 최소한의 돈을 모으기 시작했다. 쓰고 남은 돈으로 적금을 들었다. 그것도 이자를 많이 주는 은행을 찾아 저금했으니 이제 부자 되는 것은 시간문제라고 생각했다. 어리석을 정도로 순진한 생각이었다.

한 달에 50만 원 적금을 들면서 부자가 되기를 바랐다니, 지금 생각하면 웃음만 나온다. 한 달에 50만 원, 일 년이면 600만 원, 10년이면 6,000만 원이다. 그 돈을 꼬박 모아 10년 후 6,000만 원이 생기면 부자가 될 수 있나? 20년간 꾸준히 저축해서 1억 2,000만 원을 모으면 그때는 부자가 될 수 있나? 20년 후라니, 기다리다 늙어 죽겠다. 도대체 내가 무슨 생각으로 돈을 모으는 건지 이상하다는 생각이 들었다.

'그럼 부자가 된 사람들은 어떻게 해서 돈을 모았을까?' 태어날 때 금수저를 물고 태어난 사람들 말고 자수성가한 사람들이 궁금했다. 그래서 성공한 사람들의 이야기를 찾아서 읽기 시작했다. 부자들이 공통으로 한 말이 있다.

"모은 돈을 종잣돈으로 활용해서 그 종잣돈이 일할 수 있게 투자하라!"

'돈이 일한다고? 돈에 손이 달렸어, 발이 달렸어? 이게 무슨 소리지?' 생소한 이야기였다. 또 이런 이야기도 있었다.

"사는 집이 가장 훌륭한 첫 번째 투자다."

'내가 사는 집이 투자라고? 실제 거주하는 집이 무슨 투자지? 역시 부자는 일반인들이랑 다른 생각을 하는 사람들이구나. 그러니 돈을 벌지.' 이런 생각을 하니 그들이 참으로 멀게만 느껴졌다.

'아, 나는 부자가 될 수 없구나. 그냥 한 달에 50만 원 열심히 모아서 10년 동안 6,000만 원, 20년 후에 1억 2,000만 원이나 만들자.'

그러다 오래지 않아 부자들이 말한 '첫 번째 투자'의 의미가 무엇인지를 내 집 마련을 하면서 알게 되었다. 내 집 마련을 하면서 마음가짐부터 달라져 돈을 함부로 쓸 수 없었다. 생활 태도가 바뀌었다. 생활비를 먼저 쓰는 것이 아니라 융자 상환 후 남는 돈을 쪼개서 생활했다. 융자를 갚지 않은 상태에서는 반만 내 집이고 반은 은행 집이니까. 머리맡에 있는 대출 은행 통장을 볼 때마다 통장이 이렇게 말하는 것 같았다.

"돈 제때 못 갚으면 집 뺏어간다."

나는 열심히 일해서 융자를 상환해나갔다.

"당신이 사는 집이 첫 번째 투자다."

딱 맞는 말이었다. 내 집은 자산 1호였다. 만약 현재 자기 집이 없다면, 집이 없어 고생하는 지금이 '위기'라고 생각할 수 있지만 나는 반대로 생각한다. 절박함이 오히려 기회다. 힘들게 조금씩 돈을 모아서 내 집을 마련하지 않았다면 지금의 나는 없을 것이다. 만약 그랬다면 나는 어떻게 살고 있을까? 2년에 한 번씩 오르는 전세금 맞추느라 급급해하고 있을까? 신용카드는 여전히 흥청망청 쓰고 있을까?

처음 집을 보러 다녔을 때만 해도 나는 부동산에 대해 아는 것이 없었다. 그래서 맨땅에 헤딩하는 심정으로 밤낮 부동산 중개소를 헤맸다. 회사 일은 늦게 끝났지만 집에 오면 내 집을 찾겠다는 일념으로 또다시 부동산 공부를 했다. 잠자는 시간이 아까워 쓰러지지 않을 만큼만 자고 책 읽고 지도 보고 지역 정보 찾고……. 회사가 일찍 끝나면 그대로 부동산으로 달려갔다. 혼자 밥을 먹고, 혼자 발품을 팔고, 그리고 결정할 때도 혼자 해야 했다. 외로운 시간의 연속이었다.

무엇인가를 향해 맹목적으로 달리는 기분이 들었다. 목표가 있어 지치지 않을 것 같았지만, 많이 힘들었다. 마치 부동산이라는 바다에 둥둥 떠서 허우적거리는 것 같았다. 그것도 아무것도 보이지 않는 칠흑 같은 밤에 나 홀로. 한없이 외로웠다. 밤에 혼자 누워 있으면 두려움과 공포가 나를 지배했다.

그러나 나는 그럴수록 굳게 마음을 다졌다. 내가 옳다는 확신을 하기 위해 더욱 치열하게 움직이고 생각하고 공부했다. 그래서 지금은 말할 수 있다. 그 외로웠던 시간들이 나를 성장시켰다고. 그리고 이런 생각도 들었다. 내가 제법 근성 있게 버텼다고.

집을 마련하고 나서 사

부동산 전문가는 부동산 공부를 어떻게 했을까?

1. 무조건 책을 많이 읽어라. 책에는 내가 경험하지 못한 다양한 세계와 정보가 있다. 간접 경험과 정보는 당신이 고민의 갈림길에 섰을 때 올바른 길을 찾을 수 있는 방향등 역할을 할 것이다.
2. 지식이 쌓였다면 부동산을 계속 돌아다녀야 한다. 실전만한 공부는 없다. 많은 현장 경험을 통해 적용하는 법을 배워라.
3. 눈으로만 보지 마라. 오감을 이용해 체득해야 한다. 단, 꼬마 아파트부터 시작하자.
4. 현장에서 공부한 것을 기록하라.
5. 다시 책으로 돌아가라. 경험 없이 읽었던 책은 머리로 이해하지만, 경험이 생긴 후에 읽는 책은 가슴으로 이해하게 된다.
6. 1~5를 무한 반복하라.

람을 보는 새로운 기준이 생겼다. 뭐 눈에는 뭐만 보인다고, 사람들이 내 집이 있는 사람과 없는 사람들로 보였다. 집을 사고 얼마간은 밥을 먹지 않아도 배가 불렀고 미친 사람처럼 실실 웃음이 새어 나왔다. 모르는 사람한테도 대뜸 달려가 "혹시 집 있으세요?"라고 묻고 싶었다. 자랑하고 싶어서가 아니라 만약 집을 샀다면 그 집을 사기까지의 고생을 공감하고 싶었기 때문이었다.

온전히 내 힘으로 해냈다는 희열감은 오래도록 가시지 않았다. 그 전에도 열심히 노력해서 무언가를 이루었지만 집을 샀을 때의 기쁨과는 비교할 수가 없었다. 부모님의 도움 없이 내 자력으로 해낸 것이라 진정으로 무엇인가를 한 것 같았다. 아이가 처음으로 부모의 손을 놓고 걸음마를 시작한 느낌이랄까. 걸을 수 있다는 믿음. 나도 할 수 있다는 자신감이 생겼다.

지금부터 당신도 당신의 세상을 스스로 만들어가기 바란다. 지금까지 무엇인가 제대로 되지 않았다고? 제대로 되지 않았기 때문에 계속 좌절만 하고 있을 것인가? 아니면 주변만 탓하고 있을 것인가? 이제 누구를 탓할 나이는 지나지 않았는가? 당신 앞에 내 집 마련이라는 새로운 도전이 생겼다. 어떻게 할 것인가? 주저앉을 것인가? 한 발을 뗄 것인가? 이제 자신에게 질문을 던져보자. 당신의 목표는 그 어떤 대가를 치러서라도 얻어야 하는 간절한 것인가 말이다.

| 19 | 내 집 마련을 하면서 만나는 사람들과 그 이야기들(모아모아 프로젝트) |

임장은 여행이다

 나는 임장을 갈 때마다 설렌다. 이번에는 또 어떤 집이 나를 기다리고 있을까? 동네는 어떨까? 동네에 사는 주민들은 어떤 사람들일까? 처음 집을 구하러 다닐 때는 방법을 몰라 무지할 정도로 여기저기, 요리조리 따져보느라 나 자신을 무척 힘들게 했다. 부동산 중개업소 사장한테 물어보고 정보를 얻어내야 하는데 중개업소 앞만 왔다 갔다 하기를 수십 번했다.

 '사지도 않을 거면서 시간 빼앗지 말라고 핀잔을 주면 어떡하지? 제대로 말해주지 않고 엉뚱한 정보를 주면 어떻게 하지? 차라리 솔직하게 부동산 공부 중이라고 말할까?'

 부동산 중개업소 문 앞에서 오만 가지 생각을 다 하고 있는데 안쪽에서 누군가 문을 밀고 나왔다.

"집 보러 오셨어요?"

"네."

얼떨결에 그렇다고 대답을 하고 말았다.

'안 살 건데 집 보러 왔다고 해도 되나? 보기만 하는 게 뭐 어때서? 좋아, 어디 한번 해보는 거야.'

그동안 책으로만 공부한 부동산 이론을 현장에서 시험해보기로 했다. 너무 초짜 티를 내지도 않았고, 아는 척을 하지도 않았다. 부동산 중개업소 사장이 보여주는 아파트 구조도 설명을 모범생처럼 열심히 들었다. 사장은 아버지가 아들을 바라보듯 흡족한 미소를 지었다.

모든 일에는 다 처음이 있다. 그리고 무엇을 시작한다는 것은 힘들고 두려운 일이다. 첫사랑, 대학 입시, 입사 면접, 결혼 등. 하지만 우리는 미숙함 속에서 출발하여 결국 성숙해지는 자신을 보게 된다. 지금도 부동산 문을 먼저 열어준 사장을 생각하면 고마운 마음이 앞선다. 그날 이후 부동산 중개업소를 들르는 부담감이 많이 줄었다. 그리고 다음 집은 내가 먼저 문을 열었다.

언젠가 대학 선배는 왕복 네 시간이나 걸려 학교에 다닌다는 내 말에 이렇게 말했다.

"좋겠네. 매일 네 시간 여행하는 거잖아."

선배 말을 듣기 전까지는 학교 다니는 통학 시간이 끔찍하게 싫고 짜증만 났는데 아, 그렇게 생각할 수도 있겠다는 생각이 들었다. 마음을 어떻게 먹느냐에 따라 상황과 사물이 달라 보인다. 그때부터 학교에 다닐 때 잠자기보다 창밖 풍경을 보는 습관이 생겼다.

임장도 그렇다. 처음에 이곳저곳을 돌아다니면 땀도 많이 나고 다리와 발바닥이 아프다. 편의점 앞 의자에 앉아 배고픔을 달래기 위해 우유와 곰보빵을 먹으며 내가 지금 뭐하는 짓인가 싶어 신경질이 날 때가 한두 번이 아닐 것이다. 아, 집에 들어가서 씻고 싶다. 전세면 어때랴. 당장 돌아가서 발 뻗고 자고 싶을 것이다. 그러나 2년 뒤에 또 이사 할 것을 생각하며 다시 일어나야 한다. 그리고 생각을 바꿔야 한다.

"놀러 왔다고 생각하지 뭐. 이 동네는 도대체 뭐가 있을까?"

생각을 바꾸지 않으면 인생은 계속 똑같이 돌아갈 수밖에 없다. 그래서 나는 임장을 할 때 경기권으로 나가면 여행, 서울 시내로 가면 소풍이라고 생각한다. 가벼운 마음으로 현장을 즐기자.

지역명으로만 검색하지 마라

가고 싶은 곳이 있다면 인터넷에서 지역으로 검색하지 말고 전철역 기준으로 검색한다. 지역명으로만 검색하면 전철역 가까운 아파트 단지조차 검색이 되지 않는 곳이 많다. 예를 들어 분당에 있는 오리역 주변의 아파트를 알아보기 위해 '성남시 > 분당구 > 구미동' 이렇게 지역으로 검색하면 원하는 아파트 단지를 찾을 수 없다. 이럴 경우에는 '오리역' 반경 800m로 검색을 해야 많은 정보를 얻을 수 있다.

지도를 본 후 현장에 가서 확인하라

부동산 공부를 할 때는 지도 보는 것이 중요하다고 했더니 부동산 공부를 시작하는 사람 중에는 다음 단계로 넘어가지 못하고 계속 지도만 보는 이들이 있다.

"지도가 중요하긴 하지만 계속 지도만 보고 있으면 어떡해요. 현장에는 안 나가세요?"

"현장이요?"

"부동산에 전화는 해봤어요?"

"전화요? 아는 부동산이 없는데……."

이런 태도를 보고 있으면 답답할 뿐이다. 밥상을 차려주는 것으로 부족해 숟가락으로 밥까지 입에 넣어줘야 하는가 싶어서다. 성장하려면 배운 것을 현장에서 적용할 수 있어야 한다. 기본적 지식이야 이 책 저 책을 보고 쌓을 수 있지만, 현장 적용은 내가 발품을 팔아 노력하지 않으면 결코 쌓을 수 없다.

지도를 보고 현장으로 달려가자. 내 집이 현장에 있는데 어떻게 평면도 속에서 집을 찾으려고 하는가? 일어나 밖으로 나가라. 발이 움직이지 않는다고? 그럼 손부터 움직여라. 손도 움직이기 힘들다면 손가락이라도 움직여라. 검지 하나면 충분하다. 지도를 보고 호감이 가는 지역의 부동산을 찾아라. 스마트폰을 좀 더 스마트하게 써라. 스마트폰으로 근처 부동산을 찾았으면 당신의 검지를 들고 전화번호를 눌러라. 그리고 부동산 사장에게 지역에 관해 궁금한 점을 물어라.

갑자기 낯선 사람의 목소리를 들으면 당황할 수 있으니 미리 질문할 것을 메모했다가 보고 읽는 것도 좋다. 예를 들어 신분당선 동천역은 경부고속도로를 기준으로 왼편에 있다. 이곳 지도를 볼 때 나는 이런 점이 궁금했다.

'오른편 분당 지역 주민들이 동천역을 어떻게 이용하지?'

내가 모를 때는 물어보는 게 최고다. 누구에게? 근처 부동산 부동산 중개업소에 전화를 걸어 물어보면 지역 정보에 밝은 중개업소 사장이 친절하게 가르쳐준다.

"아, 동천역이요? 여기서 경부고속도로 밑으로 사람들이 다닐 수 있게 지하 통로가 있어요."

아하, 그렇군. 실제로 그곳에 가보면 그쪽 경부고속도로 밑으로 일명 '토끼굴'이라는 지하보도가 있다. 최근에는 신분당선 개통과 함께 지하보도 보수 공사도 마쳤다.

모르는 것은 흉이 아니다. 처음 시작하는 분야인데 모르는 것은 너무나도 당연하다. 그리고 나보다 먼저 이 분야에 들어온 사람이 나보다 더 많이 아는 것도 당연한 일이다. 아는 게 없다고 기죽을 필요도 없고, 설령 그것도 모르냐며 핀잔을 주더라도 기가 죽어서도 안 된다. 부족한 부분은 하나씩 채워나가면 된다.

옆 동네의 도움을 받아라

지도를 어느 정도 볼 줄 알고 용기 내어 모르는 부동산 중개업소에 전화를 걸어 사장과 통화도 했다면 다음 단계로 넘어간다. 책상 의자에서 엉덩이를 떼고 집을 나설 차례다. 현장에 나가 지역의 장단점을 파악하는 것은 임장의 기본이다.

지역의 장점은 그 지역 부동산 중개업소, 지역 주민을 통해 쉽게 파악할 수 있다. 하지만 단점은 어떻게 알 수 있을까? 단순하지만 가장 효과적인 방법은 바로 옆 동네를 통해서 알아보는 것이다. 예를 들면 평촌과 산본으로 임장을 갈 때 산본의 단점을 알고 싶으면 평촌 지역 부동산 중개업소에 가서 물어본다. 실제로 나는 평촌 지역 부동산 중개업소에 가서 이렇게 물어본 적이 있다.

"사장님, 제가 산본과 평촌 중 비교해보고 좋은 곳에서 살려고 하는데 산본 어때요?"

"산본에는 가지 마. 산본은 산이 많아 산본이야."

"그래요? 산이 많으면 공기가 좋겠는데요?"

"공기만 좋으면 뭘 해? 언덕에서 유모차 끌고 다녀봤어? 공기 좋아서 애한테 쐬어주고 싶은데 힘들어서 못 나가."

이번에는 산본 부동산 중개업소 사장한테 물어봤다.

"사장님, 제가 산본과 평촌 중 비교해보고 좋은 곳에서 살려고 하는데 평촌 어때요?"

"평촌? 별루야. 너무 휑해. 전철역, 상가가 너무 멀어."

지역을 제대로 알려면 지역의 장단점을 알 수 있는 비교 평가를 해봐야 한다. 가까이 붙어 있는 지역 사람들 판단이 더 정확할 수 있으니 염두에 두라는 것이다. 이 사람 저 사람 이야기를 귀담아들어 손해 볼 것은 없다. 내가 알고 싶은 지역의 장단점과 구체적인 정보를 모아 목표에 가장 근접한 지역을 선택하면 된다.

임장 잘하는 노하우(아이스 브레이킹)

낯선 사람에게 말을 떼기 어려운가? 지금부터 낯선 사람도 전혀 낯설지 않게 대화할 수 있는 방법을 알려주겠다. 1단계, 관심 있는 지역으로 무조건 간다. 2단계, 동네 슈퍼를 찾아 음료수를 사 먹어라. 임장을 처음 나간 당신이라면 목이 많이 마를 것이다. 쭈뼛거리지 말고 슈퍼 주인에게 말을 건다.

"여기서 슈퍼 오래 하셨어요?"

"왜요? 한 10년 됐는데요."

아, 10년. 기회는 이때다.

"이쪽으로 이사하려고 집을 알아보고 있는데 10년 하셨으면 잘 아시겠어요. 이 동네 어때요?"

슈퍼 주인은 많은 이야기를 해줄 것이다. 사람들이 어디로 직장을 다니는지, 마을버스 노선은 어떤지, 전철역 가는 지름길은 어떻게 되는지, 일 잘하는 부동산이 어느 곳인지 등……. 주의할 점은 질문을 요령껏 잘 던져야 하고, 바쁜 시간보다 한가한 시간에 찾아가야 한다는 것이다.

"그런데 2, 3년밖에 안 된 가게면 어쩌지요?"

그 점도 걱정할 것 없다. 이렇게 물어보면 된다.

"온 지 얼마 안 되셨으니 다른 지역과 차이점을 더 잘 아시겠어요."

동네 슈퍼 다음으로 자주 이용하는 곳이 식당이나 분식점이다. 식사하면서 천천히 이것저것 물어보면 분식점 사장들도 친절하게 잘 이야기해준다. 물어볼 때는 젊은 사장보다 나이가 어느 정도 있는 분이 좋다. 물론 젊어도 동네 토박이면 잘 가르쳐 줄 것이다.

나는 지금까지 임장을 나가 의외의 도움을 받은 사람이 세탁소 사장들이었다. 동네에서 오래된 세탁소 사장들은 배달하러 다녀서 그 동네 사람들을 많이 안다. 게다가 항상 사람들을 많이 대하기 때문에 대부분 친절하다.

반면 그 동네의 아파트 시세나 동네 사람들에 대해 잘 모르는 이들도 있다. 아주 젊은 남녀나 아파트 경비 아저씨다. 경비 아저씨는 왠지 아파트에 대해 많이 알 것 같은데 잘 모를 때가 많았다. 아파트 놀이터에 가서 아이 노는 것을 지켜보는 젊은 엄마들이 대화하기에는 좋을 때가 있다. 이 아파트로 이사할 생각인데 살기가 어떠냐고 물으면 아줌마들의 수다가 시작될 것이다.

하지만 여기서도 주의할 점이 있다. 당신이 만약 남자라면 아이가 있는 젊은 엄마들은 말을 피하고 아이를 데리고 유유히 사라질지도 모른다. 그럴 때를 대비해서 임장을 나갈 때는 혼자 나가는 것보다 뜻이 맞는 남녀가 나가는 것이 좋다. 결혼했다면 아내 혹은 남편과 같이 나가라. 산책하러 좀 나가자며 모처럼 데이트 하는 기분으로 배우자를 데리고 나와라. 가족의 미래를 위한 집이니 같이 보고, 같이 느껴야 한다.

"선생님, 동네 슈퍼까지 갔다가 음료수만 사 들고 나왔어요. 분식점에 가서는 조용히 김밥만 먹고 나왔어요. 제가 내성적이라서 처음 보는 사람하곤 말을 못해요. 어떡하지요?"

대화도 연습이 필요하다. 조금만 노력해도 웬만큼은 할 수 있다. 처음 보는 사람들과 대화하는 방법이 있다. '아이스 브레이킹'이라는 대화법인데 말 그대로 '얼음 깨기' 방법이다. 처음 만난 사람들끼리 이야기하려면 어색하고 분위기도 썰렁하니까 가벼운 화제로 분위기를 깨보라는 것이다.

대인 관계에서 '아이스 브레이킹'은 정말 중요하다. 임장을 처음 나가는 사람들에게는 대화 능력을 높일 수 있는 처방전이다. 매일 모르는 사람 세 명과 3분 이상 말하기. 이렇게 꾸준히 연습하면 두려움을 없앨 수 있다. 특히 낯선 사람과 말하는 것이 어렵다면 평소에 잡담하며 수다 떠는 연습을 많이 해둔다. 처음에는 귀까지 빨개질지 모른다. 그러나 실수를 발판 삼아 계속하다 보면 처음 만난 사람과 이야기를 나누는 일이 어색하지 않을 것이다.

> **아이스 브레이킹 연습하기 1**
>
> 아이스 브레이킹이란 처음 만난 사람들끼리 서먹함을 없애거나 딱딱한 분위기를 풀어 친밀도를 높이는 것이다.
>
> 1. **자기소개를 하라.**
>   "저기, 죄송한데요, 어머님. 저희가 신혼부부인데, 이 동네 집 좀 알아보려고 왔거든요. 그런데 부동산에서는 좋다고만 해서 실제로 살고 계시는 분들에게 여쭤보고 싶어서요"(부동산에서 물어볼 수 없는 것).
> 2. **상대가 대답하기 쉬운 질문부터 시작하라.**
>   "혹시 관리비는 어느 정도 나오나요?"
> 3. **기준점을 던져줘라.**
>   "한 15만 원 이상 나오나요?"
> 4. **주변에 보이는 것으로 이야기를 풀어가라.**
>   "애들 학교는 저기 보이는 초등학교로 보내나요?"
> 5. **생활 이야기를 꺼내라.**
>   "참, 이 아파트 주차장은 어때요? 여유가 있는 편인가요?"

윗집, 아랫집을 꼭 방문하라

관심 있는 지역에 관심 있는 아파트까지 봤다면 계약하기 전에 반드시 거쳐야 할 단계가 있다. 바로 '층간 소음 확인하기'다. 층간 소음 문제는 연일 뉴스에 오르내리고 있어 결코 무시할 수 없는 일이다. 관심 있는 아파트의 위층을 방문할 때 "층간 소음 체크 하러 왔습니다"라고 말하면 누구도 문을 열어주지 않는다. 이때도 부부가 같이 가는 것이 좋다. 벨을 누른 후 안에서 응답이 있으면 이렇게 말하라.

"아랫집으로 이사할 사람인데요, 누수가 있나 해서요."

대부분은 누수 이야기에 의아해한다. 문을 열어주면 누수 이야기를 하다가 아이들 이야기로 화제를 살짝 돌린다.

"그런데 자녀분은 있으세요? 저희 애는 어린이집에 보내야 하는데 어디가 좋은지 여쭈어봐도 될까요?"

요즘은 무서운 세상이라 남자든 여자든 낯선 이가 문을 두드리면 열어 주지 않는다. 하지만 이웃이 될 사람이고 아랫집에서 왔다고 하면 무슨 일이 생겼나 하는 마음에 문을 열어준다. 누수 여부도 확인하고 아이가 몇 살인지 알아봐야 한다. 윗집의 아이가 한창 집에서 점프하고 뛰어다닐 나이인지 확인하는 게 이사한 후의 정신건강에 좋다. 베란다나 복도에 담배통이 있는지도 확인하라. 나중에 담배 연기가 올라오는 일로 힘들 수 있다.

아랫집은 누가 살아도 상관 없다고 생각하는 사람이더라도 아랫집이 어린이집이라면 피하는 것이 좋다. 소음은 위에서 아래로만 내려오는 것이 아니고 아래에서 위로 올라오기도 한다. 아랫집이 어린이집이면 시끄러운 것을 감수해야 한다.

또한 아파트 주민을 위해 만든 공원이나 놀이터가 반드시 좋은 것만은 아니다. 공원은 24시간 개방된 곳이 많아 여름에는 밤새 배드민턴 같은 운동을 하는 사람들이 많다. 놀이터는 어떤가? 에너자이저 같은 아이들은 해가 져도 소리를 마구 지르며 놀이터에서 뛰어다닌다. 밤이 되면 그 소리가 아파트 단지를 뒤흔든다.

어른들이 좋아하는 놀이터도 있다. 실제로 '홍대 앞 놀이터'는 그야말로 주말 밤마다 광란의 파티다. 외국인들까지 술 마시고 떠들며 스피커를 켜고 밤새 노래를 부른다. 그래서 임장을 다닐 때는 같은 장소를 낮에 한 번, 밤에 한 번 가봐야 한다. 이것을 '야간 임장'이라고 하는데 밤 10시 이후에 관심 지역을 방문해보면 내가 살 동네의 두 얼굴을 확인할 수 있다.

부동산 공인중개소 사장과 친해져라

공인중개소 사장은 내 집 마련할 때 가장 중요한 역할을 하는 '키맨'이다. 일을 잘하는 부동산 사장을 만나야 좋은 아파트를 좋은 가격에 잡을 수 있다. 그 동네에서 오랫동안 부동산 중개업을 하면서 많은 물건을 가지고 있는 곳이 좋다. 주로 아파트 입주 때부터 있던 부동산 사장들이 터줏대감들이다. 보통 낯선 지역에 처음 갈 때면 전철역에서 아파트까지 이어지는 길목만 둘러보면서 부동산 중개업소를 찾는다. 이런 중개업소는 매수할 손님들이 쉽게 찾을 수 있는 길목에 있다고 해서 '매수자 부동산'이라고 한다.

반면 물건을 팔려고 내놓는 집주인들 입장은 다르다. 아파트 단지 주민들은 주로 이동하는 동선에 걸친 부동산을 많이 이용하는데, 익숙하고 친한 곳에 물건을 내놓는다. 마트, 은행, 학교, 학원, 상가를 이용하는 아줌마들 동선 안에 있는데, 물건이 많이 나오는 곳이라고 해서 '물건지 부동산'이라고 한다. 주로 단지 내에 있다.

단지 안 근린상가에 여러 중개업소가 잔뜩 모여 있는데, 경험에 비추어봤을 때 코너에 있는 중개업소가 일을 가장 잘하는 경우가 많았다. 또 친화력이 좋은 여자 사장들이 운영하는 부동산 중개업소는 동네 사랑방 역할을 한다. 동네 아줌마들이 시장에 오가는 길에 한 번씩 들른다. 이곳은 부동산 거래뿐만 아니라 동네의 다양한 소식이 모이고 퍼지는 곳이기도 하다.

이런 부동산에 가서 앉아 있으면 '누구네 신혼부부가 아기를 낳고는 집이 좁아서 이사 간다더라', '몇 호가 이번에 근처 새 아파트를 분양받았다더라', '지난주에 옆 부동산에서 얼마에 몇 층이 팔렸다더라.' 등의 이야기를 자연스럽게 듣게 된다. 이런 중개업소를 찾아야 현지 주민의 정보를 실시간으로 얻을 수 있다.

부동산 중개업소 사장들은 매도자인 집주인에게서 의뢰받은 아파트를 매수자에게 팔게 된다. 이때 똑같은 중개 수수료를 받을 거라면 부동산 사장 입장에서는 당연히 친분이 있는 사람이거나 마음이 더 가는 매수자를 챙겨준다. 따라서 중개업소 사장한테 나는 꼭 살 사람이니 정말 좋은 물건이 좋은 가격에 나오면 바로 연락해 달라고 간곡하게 부탁해야 한다. 그리고 자주 연락해야 한다. 이 점이 부동산 중개업소 사장과 친분을 쌓는 포인트다. 아무리 좋은 물건이 있어도 중개업소 사장이 나에게 연락을 주지 않으면 그 집은 '그림의 떡'이다.

어떤 중개업소 사장들은 보통 정도의 물건으로 연락하는 경우가 있다. 장사를 해야 하기 때문에 보통 물건도 추천하는 것이다. 생선 장수가 좋은 생선만 파는 것은 아니다. 보통 생선도 팔아야 먹고산다.

이사하고 싶은 곳에 부지런히 다니면서 중개업소 사장들에게 깍듯하게 인사만 열심히 해도 좋은 정보를 얻을 확률은 높아진다. 실제로 지인 중 하나가 늘 성실하게 인사를 하고 다녔는데 부동산 중개업소 사장이 좋은 가격의 아파트를 소개해주었다. 그 친구 목에 있던 부황 자국을 보시곤 "젊은 친구가 집을 구하러 이렇게 열심히 다니는데 내가 도와줘야지."하면서 매도자에게 가격을 깎아달라

아이스 브레이킹 연습하기 2

＊ 부동산에 들어갈 때

1. 자기소개와 목적 : "전세 좀 구하러 왔어요. 저희가 신혼부부거든요. 짐이 별로 없어서 방 두 개 있는 20평대 아파트를 구하는데요."

2. 현재 상황 : "주식으로 돈을 많이 까먹어서 8천만 원밖에 없거든요."

3. 사는 지역 : "저희가 맞벌이라 일산에 사는데요."

4. 과거-현재-미래 화법 : "서울로 출퇴근이 너무 힘들어서 집을 알아보고 있거든요. 역세권으로 서울에서 출퇴근하려고요."

5. 동네 이야기 : "친구가 이 근처 사는데 전세 구한다니까 자기네 동네(이 동네)가 좋다고 해서 와봤어요. 지하철도 가깝고 평지에다 깨끗하고 좋네요. 요 앞에는 마트도 있나 봐요?"

6. 칭찬 : "사장님 부동산이 코너에 있어서 멀리서도 딱 보이더라고요. 입지가 제일 좋아요."

고 설득까지 했다는 것이다. 인사만 잘해도 몇 달치 월급을 벌 수 있다.

매도자 사연을 들어라

집집마다 집을 매도할 때는 항상 사연이 있다. 아기가 태어나서 집이 좁다거나, 직장을 옮겼다거나, 세금 문제나 돈이 급할 때 집을 판다. 집이 좁아 불편하거나 직장을 옮겨 출퇴근이 불편할 때는 조금 천천히 집을 판다. 하지만 세금 문제나 돈이 급할 때 파는 물건은 매도자가 심리적으로 쫓기는 경우가 많다. 따라서 이런 경우는 조금 유리하게 가격을 깎을 수 있다. 대신 세상에 공짜가 없으므로 계약금을 관례(10%)보다 많이 주거나 잔금을 빨리 치러주는 조건으로 협상할 수 있다.

돈이 급한 상대방의 요구를 맞추어주는 대신 가격 조정을 얻는 것이다. 상대방 처지에서 바라보면서 매도자가 원하는 것이 무엇인지 파악하는 것이 중요하다. 원하는 것을 최대한 맞춰주고 대신 내가 원하는 것을 얻으면 된다. 하나를 얻으면 하나를 잃는 법, 둘 사이의 손익 계산을 잘하는 것이 포인트다.

부동산은 단위가 커서 한 번의 협상으로 수백만 원에서 수천만 원까지 왔다 갔다 한다. 따라서 매도자가 왜 파는지 사연을 자세히 들어보고 거기에 맞출 수 있는지 그와 동시에 내게도 맞출 수 있는지 확인하는 과정이 잘 이루어져야 좋은 가격에 거래할 수 있다. 부동산은 결국 사람 사이의 대화로 시작하여 대화로 끝난다.

평판이 좋은 인테리어 사장을 찾아라

집을 구입하고 예쁘게 꾸미려면 인테리어 사장을 잘 만나야 한다. 부동산 중개업소 근처에 보면 인테리어 사무실이 있는데 그 동네 공사 경험이 많고 평판이 좋은 사장을 만나는 것이 관건이다. 또한 요즘 유행하는 스타일도 잘 알고 내가 원하는 사항을 열심히 경청하는 분을 만나는 것이 좋다.

여러 인테리어 가게에서 견적과 상담을 받아보고 비교하라. 한 번 한 인테리어는 쉽게 바꿀 수 없기 때문에 여러 가게를 비교해보고 선택하면 후회가 없다. 무조건 싸게 해준다고 덥석 계약을 해서는 안 된다. 사후관리까지 생각하면 싸게 하는 것보다는 제값을 주고 일을 정확하게 하는 것이 더 중요하다.

실력을 확인할 방법은 실제 공사한 곳에 가서 양해를 구한 후 구경해보는 것이다. 실제 공사를 의뢰했던 고객을 직접 만나 어땠는지 들어보는 방법이 가장 좋다.

만약 먼저 공사한 집을 보여달라는 것을 거절하는 사장이라면 기존에 공사한 고객들과 원활한 관계를 맺지 못했을 확률이 높다는 것도 염두에 둔다. 또한 고객이 원하는 것을 정확하게 시공해주는 사장이면 충분하다.

인테리어 가게 사장한테 디자인 감각까지 바라는 것은 무리다. 그러니 공사 시작 전에 당신이 원하는 사항을 자세하고 정확하게 메모를 해두고 그것에 대해 사장과 충분한 대화를 해야 한다.

어떤 사람들은 인테리어에 대해 전혀 모른다며 사장만 믿겠다고 무조건 맡기는 경우가 있다. 일하는 입장에서는 의뢰자가 자신을 신뢰해주니 일하는 데 번거롭지 않고 수월할 수 있다. 하지만 그 집은 인테리어 사장 집이 아니고 당신 집이다. 그러니 관심을 가져야 한다. 공사 기간에 음료수를 사들고 자주 들러볼 것을 권한다.

일하는 것을 감시하라는 것이 아니다. 그저 격려 차원에서 찾아가 진행 상황을 보라는 것이다. 일하는 이들에게 지나치게 사사건건 이렇게 해라, 저렇게 해라 명령하는 것은 피해야 한다. 학창 시절을 생각해보면 왜 그래야 하는지 알 것이다. 열심히 공부하는데 엄마가 불쑥 방에 들어와서 공부하라고 하면 하던 공부도 하기 싫어지는 게 사람 심리다. 그러니 일하는 중간중간에 이런저런 이야기가 나오지 않도록 공사 시작 전에 인테리어 사장과 자료를 보면서 많은 대화를 하라는 것이다.

주변 사람들의 이야기를 모아라(모아모아 프로젝트)

내 집 마련을 준비할 때는 주변 사람들에게 많은 이야기를 들어야 한다. 같은 회사 동료, 선후배들이 실제로 어디에 사는지 물어봐야 한다. 살고 있는 동네가 출퇴근할 때 불편한 점은 없는지, 아이들 키우기는 괜찮은지. 회사 가까이 사는 사람도 있을 것이고 멀리 사는 사람들도 있을 것이다. 한 명 한 명의 이야기를 관심 있게 들어보고 질문도 많이 해야 한다. 얼마에 집을 샀는지, 전세라면 전세금은 얼마인지, 그 지역에 산 기간은 얼마나 되는지, 어떤 점이 마음에 들어서 그곳에 집을 구했는지 인터뷰를 한다고 생각하면 된다.

　사는 지역의 장단점을 실제 사는 주민들을 통해서 들어보면 중개업소 사장들이 이야기하는 것과 또 다르다. 살아가는 이야기를 직접 들어보는 것처럼 좋은 정보가 없다. 동네 이야기, 아이들 키우는 이야기. 실제로 거주민들의 만족도를 들어보면서 간접경험을 해보는 것이 중요하다. 포인트는 다양한 지역의 거주민들에게 다양한 관점에서 이야기를 들어보는 것이다.

　앞에서 언급한 것처럼 육아 때문에 친정 근처에 사는 사람도 있을 것이다. 맞벌이 부부라면 출퇴근 때문에 직주근접 지역이나 교통이 편한 전철역 근처에 집을 구했을 것이다. 그 사람들이 어떤 과정을 통해 어떤 기준으로 집을 마련했는지 인터뷰 하고 기록하는 습관을 길러야 한다. 결과가 어땠는지 들으면 그들의 성공과 실패를 통해 교훈을 얻을 수 있다. 집을 마련한 사람들에게 자신의 현재 상황을 말하고 자신이라면 어떤 선택을 할지도 물어보라. 꼼꼼히 물어볼수록 더 깊숙이 내 집 마련의 노하우를 무료로 배울 수 있다. 현명한 선택을 위한 귀한 정보는 당신의 발품, 손품, 노력으로 얻는 것이다.

　나는 집을 처음 구하는 사람들에게 '모아모아 프로젝트'를 권한다. 이 프로젝트는 직장 동료, 대학 친구들, 옆집 이웃의 '내 집 마련' 이야기를 모으는 것이다. 그들이 어떤 과정과 기준으로 집을 구했는가를 인터뷰 하는 것이다.

　주변 사람들의 주거 모습, 재테크 모습을 모으는 것은 장기 계획 작업이다. 친구, 친·인척, 회사 동료, 옆집 사람들이 어떤 집에서, 어떻게 살고 있는지, 언제, 왜 그 집을 매입했는지, 전·월세를 얻었는지, 주거지를 선택할 때 가장 중요하게 고려한 사항이 무엇이었는지, 자금 계획은 어떻게 세우고 시작했는지 등 주변 사람들의 이야기를 듣다 보면 내 집 마련을 계획할 때 어떻게 해야 하는지 도움이 될 때가 많다. 그 분들의 경험을 교훈 삼아 더 좋은 집을 좋은 가격에 살 수 있는 힌트를 얻을 것이다.

현재 자신이 가지고 있는 자금이 얼마인지, 대출을 받아야 하는지, 부동산 정보는 어디에서 구하는지 등 궁금한 사항이 생길 때마다 메모하라. 그리고 지인들이 한 이야기를 찬찬히 살펴보는 것이다. 그 안에서 좋은 답이 나오는 경우가 종종 있다.

주변 지인을 관찰하고, 기록하고, 왜 그렇게 결정했는지 각자의 사연을 모으다 보면 마치 자신이 셜록 홈즈라도 된 것 같은 착각이 들 때가 있다. 이 사람이 왜 이곳으로 이사했을까? 단서를 모으고 그 사람에게 질문을 던지고, 이사 온 이유를 퍼즐 맞추듯 하나씩 맞춰보는 것이다. 어쩌면 당신은 그 사람이 다음에 어디로 이사하고 싶은지도 맞추게 될지도 모른다.

인터뷰를 할 때는 특히 주변 지인, 회사 동료, 친·인척 등 잘 아는 사람들을 하는 것이 중요하다. 그들의 이야기는 내 삶의 자극제가 되기 때문이다. 잘난 척하는 친구가 반포 래미안 퍼스티지

모아모아 프로젝트

1. 가까운 지인들이 집을 구한 과정을 인터뷰한다.
2. 인터뷰한 내용을 기록하고 정리한다.
3. 지역별로 비교 평가를 해본다.

를 샀다면, 자다가도 네이버 부동산 어플을 눌러볼 것이다. 설거지를 하다가도 열 받아서 고무장갑을 벗어 던지고 시세를 알아볼 것이다.

"또 올랐네! 나도 반드시 내 집을 사고 만다!"

나도 벌써 10년 넘게 주변 지인들의 삶을 기록했다. 그들이 집을 산 과정을 폴더에 하나씩 정리했더니 2,000개가 넘는 서울 수도권 사례를 모을 수 있었다. 만약 당신도 생애 첫 집을 시작으로 부동산 재테크에 관심이 있다면 '모아모아 프로젝트'를 적극적으로 이용하라. 몇 년 동안 진행한 프로젝트의 결과는 당신만의 부동산 재테크 시크릿 노트가 될 것이다.

부동산 전문가는 태어나는 것이 아니라 만들어지는 것이다   20

　부동산 재테크를 하면서 내 집 마련을 하고 주변 사람들을 도와주다 보니 사람들이 나에 대해 오해하는 경우가 있다. 그들은 내가 처음부터 부동산을 잘 알아서 이 일을 시작한 줄 안다. 그러나 나도 16년 전, 처음 내 집을 마련했을 때는 부동산의 '부' 자도 모르는 초짜 중 초짜였다. 못 믿겠지만 내 집을 장만한 이후에야 돈을 벌어야겠다는 다짐을 했다. 그리고 월급을 받으면 저축해서 1,000만 원을 만들었다.

　나는 경기도 고양시 덕양구 행신동 소만마을에서 부모님과 살았다. 그리고 2001년도에 5단지의 전용면적 50㎡(15평) 아파트를 8,000만 원에 샀다. 아파트를 살 때 8,000만 원이 전부 내 돈이 아니었다. 8,000만 원에 산 아파트에 7,000만 원 전세가 끼어 있었으니 내 돈이 들어간 것은 거래 비용까지 1,000만 원 조금 더 들었다.

　그렇게 부동산 재테크를 시작했다. 남들이 마음에 드는 차를 사고,

해외여행 다닐 때 나는 시간이 조금 걸려도 소형 아파트를 한 채씩 모았다. 그러다가 한 채씩 모은 아파트로 큰 이익이 생기자 교만한 마음이 싹트기 시작했다.

'크게 한번 벌어볼까? 나라고 부자 되지 말라는 법은 없잖아.'

선무당이 사람 잡는다고, 초창기 내 모습이 딱 그랬다. 욕심내지 말고 분수에 맞춰 천천히 해야 했는데 돈을 좇아가다 낭패를 보고 말았다. 그동안 경기도에 있는 꼬마 아파트만 샀던 내가 호기롭게 배팅하듯 서울에 있는 3억 원을 호가하는 아파트를 샀다. 준비 없이 욕심만 앞세우다가 한순간에 7,000만 원을 날렸다. 오랜 시간 모은 돈이 교만한 마음 때문에 연기처럼 사라졌다.

또 어떤 경우에는 모델하우스만 믿었다가 낭패를 본 적도 있었다. 문제의 모델하우스는 사람들이 반할 정도로 꾸며져 있었다. 거실에는 휘황찬란한 조명이 있었고 방마다 벽지는 고급 수입지를 썼는지 은은한 펄과 엠보싱이 고급스러웠다. 붙박이장을 보니 이런 집에 들어오면 가구도 필요 없을 것 같았다. 그리고 주방의 디귿자 싱크대도 동선이 짧아 고급스러워 보였다.

'그래, 자고로 사람은 바로 이런 집에서 살아야지.'

나는 모델하우스만 보고 마음에 들어 계약금을 걸었다. 그리고 얼마 후 아파트가 지어지는 '현장'을 찾아갔다. 그런데 이게 웬일인가? 현장은 가도 가도 나오질 않았다. 꼬불꼬불 산길을 한참 동안 올라가다 그만 포기할까 돌아설 때에야 나왔다.

"설마 이런 산 위에 집을 짓는다고? 아파트만 덩그러니 있고 아무것도 없잖아."

내 머릿속에 있던 멋진 모델하우스가 산산이 부서졌다. 그 이후 나는 절대 모델하우스를 믿지 않는다. 당신도 모델하우스만 보고 집을 선택하면 나와 같은 실수를 저지를 수가 있다. 그러므로 실제로 아파트 공사가 진행될 현장에 꼭 가봐야 한다. 혹시 아파트가 허허벌판에 덩그러니 혼자 있는 것은 아닌지 주변 환경을 반드시 살펴야 한다.

돈을 벌기는 어려워도 날리는 것은 아주 쉬웠다. 이러면 안 되겠다 싶어 10년 전부터 부동산 공부를 바닥부터 다시 시작했다. 손해를 보면서 뼈저리게 느낀 것은 부동산 초보자에게 수익은 오히려 독약이라는 것이었다. 내 집 마련을 하는 당신도 현재 살고 있는 집을 발판 삼아 갈아타기를 하게 될지도 모른다. 그때 생각보다 이득이 많으면 그 돈을 굴릴 생각을 하게 될 것이다. 만약 깊이 있는 부동산 공부를 하지 않은 당신이 큰 고민 없이 투자하면 엄청난 손해를 볼 확률이 높다.

청약 한 번으로 운이 좋아서 3,000만 원 벌었다고 생각해보라. 운동화 신고 수도권 전역을 임장 다니면서 공부할 것 같은가? 떴다방과 모델하우스만 좇아다니는 것은 투기다. 노력 없이 수익을 올리면 그 돈은 당신을 망가뜨릴 것이다. 가장 경계해야 할 것은 정부 정책이 아니다. 건설사의 고분양가도 아니다. 은행의 고금리도 아니다. 진짜 경계해야 하는 것은 약간의 수익에 눈이 멀어 탐욕에 빠지는 자기 자신이다.

장담하는데 만약 당신이 부동산 재테크를 하게 된다면, 자기 자신의 교만 때문에 한 번은 무너질 것이다. 나도 그랬고 주변의 모든 고수가 대부분 그랬다. 저 사람만큼은 안 그러겠지 하던 사람까지도 교만에 빠져서 한동안 허우적거렸다. 부동산은 단위가 크다 보니 손해를 보면 크게 망하는 경우가 많다. 아파트 전세금이 500만 원씩 오르는 것을 본 적 있는가? 빌라도 전세금이 오를 때 최소 1,000만 원씩 오른다. 하물며 아파트 전세금은 그 이상 오른다. 돈이 통장에 많이 들어오면 내 욕심도 같이 커진다. 그때를 조심해야 한다.

  초반에 성공한 사람들을 가만히 보면, 남자든 여자든 무엇인가를 바꾸려고 한다. 남자들은 차부터 바꾸는 경우가 많았고 여자들은 옷과 백을 바꾸는 경우가 많았다. 사람들은 초심을 잃고 변해갔다. 자기 컨트롤을 잘하는 게 부동산 재테크의 시작이자 끝이다. 살아남고 싶다면 말이다.

초보자가 반드시 피해야 할 4가지   21

첫째, 조급함은 100년 행운도 도망치게 한다

　내 집 마련은 큰 자금이 들어가고 한번 결정하면 최소 몇 년은 바꾸기 힘들다. 따라서 그 중요성만큼 사전 준비와 현장 발품, 비교 평가를 많이 해보는 것이 필요하다. 그런데 내 집 마련의 중요성은 알면서도 막상 어디부터 준비해야 하는지 몰라서 헤매다가 급하게 결정하는 사람들이 많다.

　집을 살 때는 최소 두세 달 이상의 넉넉한 시간을 가지고 집중적으로 집을 알아보러 다녀야 한다. 주말마다 보러 다니거나 시간이 안 날 때는 휴가를 내서라도 집을 보러 다녀야 한다. 현장 조사를 많이 다녔다고 해도 조건에 맞는 집을 찾기가 쉽지 않다는 걸 느낄 것이다. 한 번의 선택이 10년을 좌우한다는 말이 있다. 내가 살 집이니 최소 두 달 동안 20채 정도의 집을 보기 전에는 절대 결정하지 말아야 한다.

인터넷 쇼핑으로 몇만 원짜리 물건을 살 때도 몇 군데 사이트에서 가격을 비교하지 않는가. 100만 원짜리 물건은 10일을 고민하고, 1,000만 원짜리 물건은 100일을 고민한다면, 1억 원이 넘는 물건은 1,000일은 고민해야 하지 않을까? 일을 조급하게 하다가 나중에 대가를 치른 적이 얼마나 많았던가. 꼼꼼히 살펴보고 차분하게 비교 평가하는 습관을 길러야 한다. 절대로 조급하게 결정하지 말아라.

둘째, 호재를 바라거나 미래를 예측하지 마라

요즘도 호재를 보면서 집을 사는 사람들이 많다. 나의 경험상 호재는 완성되는 데 오랜 시간이 걸린다. 전철 공사가 발표됐다고, 착공했다고, 언제 완공할 거라고 뉴스에서 말한다. 그 뉴스를 그대로 믿어서는 곤란하다. 공사비가 없으면 공사가 중단되는 경우도 비일비재하다. 언론에서 발표하는 것은 참고만 하자. 호재가 현실화되기까지는 시간이 아주 많이 걸린다. 직접 현장을 가보면 실제로 공사가 얼마나 진행되었는지 알 수 있다.

"오늘도 땅 파네. 내일은 변화가 있겠지?"

하지만 내일도, 모레도 땅만 파는 것을 보는 경우가 많다. 경의선 기차만 다니는 외선 선로 옆에 복선 선로 하나를 더 깔아 양방향으로 전철이 다니게 된다는 계획이 발표된 적이 있다. 이른바 '경의선 전철 복선화 사업'이다. 내가 고양시에 살 때 경의선 기차를 10년 넘게 타고 다녔는데 이 공사가 10년 넘게 진행되는 것을 매일 봤다. 그리고 올해 초 2016년 4월 30일, 효창공원역을 완공으로 마무리되었다.

이 사업이 어떻게 진행되었는지 자세히 살펴보면 사전 조사는 1990년에 시작되었고 착공은 1999년에야 이루어졌다. 공사 내용은 간단했다. 문산역에서 가좌역까지 약 40km 지상에 있던 선로 옆에 복선 선로 하나 더 놓는 것이었고 가좌역에서 용산역까지 약 8km 구간은 지하에 새로 선로 공사를 하는 것이었다. 공사 기간을 계산해보면 착공부터 완공까지 17년이 걸렸다. 함부로 예측하지 마라. 당신의 예측이 당신의 목을 조를 것이다. 우리가 신이 아닌 이상 앞날을 정확히 예측할 수 있다는 생각은 버려야 한다. 미래는 신의 영역이다.

셋째, 디긋자 싱크대에 현혹되지 마라

내 집 마련을 하려고 집을 구경 다니다 보면 더 넓은 집, 더 좋은 인테리어가 눈에 들어온다. 출퇴근이 중요한 맞벌이임에도 전철역 근접 거리보다는 전철역이 멀더라도 새 아파트를 선호한다. 살아가면서 집을 제대로 골라본 적이 없어서 더 그럴 것이다.

앞에서 말했듯이 집이란 시멘트 덩어리와 내부 인테리어가 중요한 게 아니다. 그것은 껍데기일 뿐이다. 중요한 것은 입지다. 예를 들면 미국은 땅이 넓어 빈 땅이 많다. 그래서 집값이 쌀 거라고 흔히들 생각하는데 그렇지 않다. 집값이 천차만별이다. 왜 그럴까? 미국에서 부동산을 이야기할 때 항상 쓰는 말이 있다.

"location, location, location!"

미국의 부동산도 입지를 가장 중요하게 여긴다. 예쁜 인테리어, 디귿자 싱크대, 넓은 평면도를 중요하게 생각하는 것이 아니라 부동산은 입지가 전부라는 것을 기억해야 한다. 땅이 남아도는 미국에서조차 사람들이 선호하는 뉴욕 같은 곳의 집값은 우리나라 강남아파트 몇 배를 능가한다. 사람들 수요가 적은 곳의 멋진 저택이 아니라 사람들 수요가 많은 뉴욕 허름한 방 두 칸이 더 쓸모가 있다는 것이다.

우리나라로 말하면 전철도 들어가지 않는 경기도 외곽 허허벌판에 있는 넓은 새 아파트보다 서울 한복판 전철역 근처의 소형 아파트에서 사람들은 더 살고 싶어 한다. 이러한 심리 때문에 입지가 가격에 반영되는 것이다. 껍데기를 보지 말고 그 물건의 본질 가치를 보길 바란다. 아파트 가치는 눈에 보이지 않지만 가장 먼저 가격으로 평가된다.

처음에는 인테리어에 눈이 가도 실제로 살아보면 출퇴근하는 데 드는 시간을 아껴주는 집이 더 고마운 법이다. 힘든 회사 생활에 출퇴근까지 피곤하면 고달파진다. 예쁜 인테리어보다 소중한 것은 당신의 시간이다. 일찍 퇴근하고 들어와서 편히 쉴 수 있는 당신만의 시간을 만들어라. 신규 아파트의 디글자 싱크대나 드레스 룸만 보는 것은 건설사가 쳐놓은 덫에 걸려드는 것이다. 그들이 던진 미끼를 물지 마라.

시야를 넓혀 입지를 보고 아파트가 있는 주변 환경을 살필 줄 아는 안목을 키워야 한다. 운전을 예로 들면 초보 운전자는 핸들을 두 손으로 바짝 잡고 앞만 본다. 시야가 좁을 수밖에 없다. 반대로 운전 경력이 오래된 사람은 앞차뿐만 아니라 앞의 앞차까지 생각한다. 핸들에서 적당히 떨어져 앉아 양옆 사이드미러를 본다. 또 룸미러를 통해 뒤차도 한 번씩 본다. 도로의 교통 흐름을 읽으며 내 차의 속도를 유지한다. 전체를 조망할 줄 알아야 여유가 생기고 실수도 줄일 수 있다.

넷째, 좋은 물건을 나쁜 가격에 사지 마라

'좋은 물건'이란 무엇일까? 다음 질문을 할 때 "YES!"가 나와야 한다.

"옆집이 같은 가격에 나와도 또 살 거야?"

"지금 당장 팔아도 수익이 나는가?"

위의 질문들에 긍정적인 대답이 나오면 그 물건은 좋은 물건이다. 처음 집을 살 때 가장 많이 실수하는 부분이 좋은 집을 나쁜 가격에 사는 것이다. 집을 구하러 다니다 보면 너무도 비현실적인 몇억 원이란 가격 때문에 가격 자체에 대해 어느 순간 무감각해질 때가 있다. 그러고는 가격을 잊은 채 좋은 집만 찾는다. 예쁜 집만 찾는다. 전망이 좋은 집만 찾는다.

아무리 전철역 앞이라고 해도 너무 비싼 가격의 아파트는 재고해야 한다. 어떤 경우에는 조망이 끝내준다며 터무니없는 가격을 부를 때도 있다. 가격 자체에 감각이 무뎌지면 제값의 집을 보는 안목이 사라진다. 그래서 자기가 비싸게 주었는지 모르고 집을 사는 경우가 있다.

예를 들면 1층 남향이 3억 원인데, 공원 전망이 좋다고 9층을 3억 9,000만 원 부른다고 치자. 같은 남향인데 단지 전망이 나온다고 9,000만 원을 더 줘야 할까? 모든 물건에는 그 물건에 맞는 합당한 가격이 있다. 전망이 좋다는 이유만으로 가격이 30% 더 비싼 것은 말이 안 된다. 돈이 많은 사람이라면 부동산을 공부할 필요 없이 좋은 물건을 비싼 가격에 살 수 있다. 하지만 자금이 여유롭지 않다면 '현명한 선택'을 해야 한다.

어떻게 하면 적은 자금으로 가장 좋은 집을 구할까? 가성비가 높은 집을 구하는 것이 포인트다. 세상에 장단점이 없는 집은 없다. 또한, 세상에 완벽한 집은 드물다. 있다고 해도 굉장히 비싸서 평범한 서민은 살 생각도 못 한다. 이럴 때는 생각의 전환이 필요하다.

"좋은 집은 없다, 다만 좋은 가격만 있을 뿐. 나쁜 집은 없다, 나쁜 가격만 있을 뿐."

좋은 집을 좋은 가격에 사는 것이 가장 좋다는 것은 누구든지 다 알 것이다. 하지만 좋은 집은 비싼 가격에 팔리는 경우가 많다. 좋은 집을 비싼 가격에 산다면 그것은 '좋은 가격'이라 할 수 없다. 반대로 나쁜 집은 원래 가치보다 싸게 팔린다. 부동산 현장 나가보면 나쁜 집(일반인들이 봤을 때)을 좋은 가격(가치보다 싼 가격)에 살 수 있는 확률이 더 높다.

좋은 집을 좋은 가격에 살 수 있을 거라는 생각을 버리고 나쁜 집을 좋은 가격에 사야겠다는 현실적인 목표를 세워야 한다. 그래야 더 넓은 시야로 많은 집을 보고 그중에서 가장 싼 집을 살 수 있다. 이러한 결정이 현명한 선택일 때가 내 경험상 더 많았다.

부동산 가치투자

좋은 물건은 없다. **좋은 가격**만 있을 뿐
나쁜 물건은 없다. **나쁜 가격**만 있을 뿐

우리가 내야 할 세금

* 집을 살 때 - 취득세 1.0%+지방교육세 0.1%(단, 6억 원 이하 아파트 구입 시)
집을 살 때는 취득세를 낸다. 기타 인지, 증지, 채권 비용 등 소소한 비용이 들어가는데 가장 큰 비용인 취득세는 알고 있어야 한다. 2억 원 아파트 구입 시 취득세 1.0% + 지방교육세 0.1% = 총 1.1% = 220만 원이다.

* 집을 보유했을 때 - 재산세
우리나라는 집을 보유할 때 7월, 9월에 두 번 재산세를 낸다. 약 2억 5,000만 원짜리 아파트를 보유했을 시에는 연간 30만 원 내외 재산세를 낸다. 온 가족 1년 통신요금보다 싸다. 미국의 경우, 집값의 1~2% 정도를 매년 재산세로 낸다. 약 2억 5,000만 원짜리 집이라면 매년 250만~500만 원 정도 재산세를 내는 것이다. 우리나라 재산세가 훨씬 싸다.

* 집을 팔 때 - 양도세
집을 팔 때 세금이 많이 나올까 봐 걱정하는 사람들이 많다. 1가구 1주택이면 팔 때 '양도소득세'를 한 푼도 내지 않는다. 비과세이기 때문이다(단, 조건이 9억 원 이하일 경우). 게다가 1가구 2주택이라도 비과세인 경우가 많다(일시적인 경우). 집을 새로 갈아타거나, 신혼부부가 각자 집이 있는 상태에서 결혼해 한 가구에 2주택이 된 경우 몇 년 안에 기존 집 한 채를 팔면 비과세 대상이 되어 세금이 없다. 이 외에도 다양한 비과세 혜택들이 있으니 세금을 낼 때 미리 알아보고 준비해야 한다.

취득방법	주택수 및 취득가액	전용면적	취득세	지방교육세	농어촌특별세
매매/교환	6억 이하	85m² 이하	1.0%	0.1%	비과세
		85m² 초과	1.0%	0.1%	0.2%
	9억 이하	85m² 이하	2.0%	0.2%	비과세
		85m² 초과	2.0%	0.2%	0.2%
	9억 초과	85m² 이하	3.0%	0.3%	비과세
		85m² 초과	3.0%	0.3%	0.2%
신축	주택	85m² 이하	2.8%	0.16%	비과세
		85m² 초과	2.8%	0.16%	0.2%
상속	무주택자		0.8%	0.16%	비과세
	유주택자	85m² 이하	2.8%	0.16%	비과세
		85m² 초과	2.8%	0.16%	0.2%
증여	주택	85m² 이하	3.5%	0.3%	비과세
		85m² 초과	3.5%	0.3%	0.2%

내 아파트 속속들이 알아보기

22 면적이 뭐길래

부동산을 처음 배울 때 가장 힘들었던 일은 부동산 용어를 익히는 것이었다. 나도 부동산 공부를 처음 시작할 때는 부동산 용어가 마치 외국어처럼 들렸다. 익숙해지면 간단하고 쉬운 내용이지만 부동산 공부를 시작하는 사람들한테는 어렵게만 들린다. 하지만 몇 번만 반복하고 숙지하면 생각보다 쉽다. 차근차근 시작해보자.

부동산을 공부하면서 반드시 알고 넘어가야 할 용어와 숫자가 몇 가지 있다. 물론 외우지 않고 집을 보러 다닐 때마다 부동산 사장한테 물어봐도 된다. 하지만 구구단을 외우면 수학 공부를 할 때 편리한 것처럼 이 용어와 숫자를 알고 있으면 부동산을 보러 다닐 때 효율적으로 시간을 아낄 수 있다.

"전용면적은 뭐고, 공급면적은 뭐예요? 또 실평수라고도 하는데 다 같은 말이에요?"

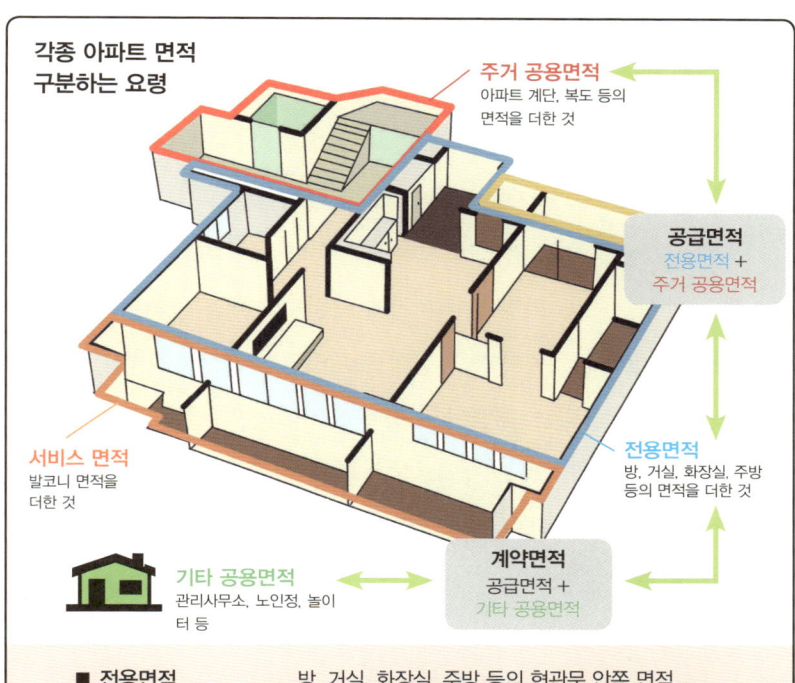

- 전용면적　　　　　방, 거실, 화장실, 주방 등의 현관문 안쪽 면적
- 공용면적　　　　　계단, 복도 + 관리사무소, 노인정, 놀이터 등
- 주거 공용면적　　계단, 복도 등
- 기타 공용면적　　관리사무소, 노인정, 놀이터 등
- 서비스 면적　　　발코니
- 공급면적(분양면적)　전용면적 + 주거 공용면적
- 계약 면적　　　　공급면적 + 기타 공용면적

계약면적 전용면적 + 주거 공용면적 + 기타 공용면적

공급면적　전용면적 + 주거 공용면적		기타 공용면적 관리사무소, 노인정, 놀이터 등
전용면적 방, 거실, 화장실, 주방	주거 공용면적 계단, 복도	

아파트의 면적을 나타내는 부동산 용어는 다양하다. 가장 중요한 용어부터 익혀보자. 우선 '전용면적'이라는 말이 있다. 부동산 거래에서 가장 많이 사용되는 면적 관련 용어다. 쉽게 말해서 전용면적이란 현관문 안쪽 우리 가족이 실제로 사용하는 면적을 말한다. 그래서 '전용'이라는 말이 붙는데 우리 가족이 사용하는 전용 공간이라는 말이다. 현관, 거실, 침실, 주방, 화장실이 여기에 속한다. 즉 전용면적은 아파트 같은 공동주택에서 소유자가 독점적으로 사용하는 부분이다.

전용면적과 상반되는 개념이 '공용면적'이다. 아파트 계단, 복도 같은 '주거 공용면적'과 관리사무소, 노인정, 지하층 같은 '기타 공용면적'이 있다. 이외에도 '서비스 면적'이라는 것도 있는데 발코니를 말한다. 베란다라고 생각하면 된다.

부동산 실제 거래 현장에서 '공용면적'보다 더 많이 쓰이는 부동산 용어는 '공급면적'이다. 공급면적은 전용면적과 주거 공용면적의 합을 말한다. 우리 가족의 공간인 전용면적에 계단, 복도 면적까지 더한 것이 공급면적이다. 면적 용어는 여기까지만 익히면 된다.

공급면적과 전용면적은 늘 헷갈리기 쉬운 수치다. 표에 나와 있는 숫자는 정확한 수치라기보다는 대략적인 평형에 따른 제곱미터(㎡) 면적을 정리한 것이다. 매번 제곱미터(㎡)와 평형을 확인하기 위해 계산기를 눌러보는 것보다 이 정도 수치를 표로 정리해서 보는 게 훨씬 간편하다. 공인 중개사무소에 가면 일반적으로 많이 쓰는 단위가 '평형'이다.

"이 아파트는 32평형인데 구조가 잘 나왔어요."

"이 아파트는 24평형인데 복도식 구조입니다."

부동산 중개업소 사장은 대부분 이렇게 말한다. 하지만 등기부 등본에는 84.99㎡, 59.99㎡ 이렇게 쓰여 있다. 이 말은 공급면적 32평형 아파트는 전용면적이 84.99㎡ 정도이고 공급면적 24평형 아파트는 전용면적이 59.99㎡ 정도라는 의미다. 공급면적, 전용면적 계산표를 보면서 현장에서 바로바로 활용하면 편리하다.

이런 면적 개념은 그냥 숫자로 이해하고 끝나서는 안 된다. 이와 같은 면적 개념의 숫자를 익힌 후에는 현장에서 이 숫자가 의미하는 아파트 면적의 실제 크기가 얼마나 되는지 알아야 된다. 실제로 현장에 가서 아파트를 둘러보고 바로 이 숫자가 생각나야 한다.

반대로 등기부 등본의 숫자를 보자마자 아파트의 실제 크기와 구조

면적 계산표(공급, 전용)

공급 면적		전용 면적	
㎡	평형	㎡	평형
105	32평형	85미만	25평
80	24평형	60미만	18평
70	21평형	50	15평
60	18평형	43	13평
50	15평형	35	11평

도가 머릿속에 바로 그려져야 한다. 부동산 중개업소 사장이 몇 평이라고 하면 바로 머릿속에 구조도가 떠올라야 한다. 그리고 아파트를 보고 나와서 중개업소 사장이 몇 평이라고 이야기해주지 않아도 "이 집은 24평 계단식인데 주방 쪽이 넓게 빠져서 방이 좀 작네요."라고 이야기할 수 있어야 한다. 집을 보는 안목은 탄탄한 기본기에서 나온다.

앞 페이지의 표처럼 보통 부동산 현장에서는 32평, 24평, 21평, 19평, 15평 이렇게 면적을 부른다. 공급면적을 말하는 것이다. 그리고 이 공급면적을 각각 105㎡, 80㎡, 70㎡, 60㎡, 50㎡로도 표현한다. 하지만 우리 가족이 사는 현관문 안쪽은 전용면적으로 각각 25평, 18평, 15평, 13평, 11평이라고 부른다.

이 전용면적이 등기부 등본에는 84.99㎡, 59.99㎡, 50㎡, 43㎡, 35㎡라고 기록되어 있다. 앞 페이지에 있는 면적 계산표는 전체적인 숫자 감각을 익히라고 임의로 만든 것이다. 따라서 정확한 수치는 아니다. 각각의 아파트로 면적을 나타내는 수치는 등기부 등본을 보면서 꼼꼼히 확인해야 한다.

공급면적보다 전용면적이 더 중요하다. 세금을 산정하는 기준이 전용면적으로 계산되기 때문이다. 또 분양가격과 청약 가격을 구분하는 기준도 전용면적이 된다. 즉, 등기부 등본에 기록된 전용면적이 가장 중요한 기

> **전용면적이란?**
>
> 아파트 등 공동주택에서 소유자가 독점하여 사용하는 부분의 면적을 말한다. 전용면적(실면적)은 각 세대가 독립적으로 사용하는 전용 부분으로 쉽게 말해 현관문 안쪽을 말한다.

준점이 된다. 공급면적, 전용면적 계산표와 같이 32평(또는 33평)의 공급면적 아파트를 나타내는 방법은 총 네 가지가 있다. '공급면적 32평', '공급면적 105㎡', '전용면적 25평', '전용면적 85㎡ 미만.' 이 네 가지가 같은 크기의 아파트를 나타내는 것이다.

"아, 복잡해요. 그냥 하나로 통일했으면 좋겠어요."

나도 그랬으면 좋겠는데 공급면적에는 주거 공용면적이 들어가 있기에 공급면적과 전용면적을 통일할 수는 없다. 표현 방법은 네 가지지만 부동산 현장에서는 주로 "32평이라고 하거나 전용 25평"이라고 한다. 나는 이것을 이해하는 데 몇 년이 걸렸다. 하도 헷갈리고 답답해서 면적 계산표를 만든 것이다. 수시로 보면서 익혀두면 도움이 될 것이다.

아파트 구조도 이해하기   23

성냥갑처럼 늘어선 아파트들이 다 비슷비슷해 보이지만 알고 보면 구조가 다양하다. 1980년대식 아파트 구조부터 최근 2016년 아파트의 신평면 구조까지 천차만별이다. 내 집 마련을 하거나 부동산 공부를 처음 하는 사람들을 위해 아파트 구조에 관해 이야기할까 한다.

아파트 구조의 기준 시점을 잡을 필요가 있을 것 같아 고민해봤다. 우리나라에 아파트가 본격적으로 많이 공급되기 시작한 1990년대 지어진 아파트를 기준으로 잡고 구조도를 분류해보면 이해하기 쉬울 것 같다. 오른쪽 그림에서 구조도와 면적 계산표를 함께 보면서 눈으로 같이 익히면 좋다.

보통 32평형이라 불리는 전용면적 85㎡(25평) 아파트는 방 세 개, 욕실 두 개 구조라고 생각하면 된다. 국민주택 규모라고 불리는 전용면적 85㎡는 다양한 정부 혜택의 기준이 된다. 1990년대 지어진 전용면적 85㎡(25평) 아파트는 2베이(2Bay) 구조가 대부분을 차지한다. 간혹 드물게 3베이(3Bay) 구조가 있기는 하다.

4인 가족이 살기에 적당한 규모로 가족 구성원이 많았던 예전에는 가장 인기 있는 평형이었다. 중년 부부와 중·고등학생 자녀들이 같이 생활하기에 적당한 구조다. 욕실이 두 개라서 부모의 출퇴근 시간과 자녀의 등하교 시간이 겹쳐도 욕실 사용에 문제가 없다.

중형 아파트여서 아파트 단지에서도 중심 평형을 차지하고 있다. 어느 지역, 어떤 단지 아파트를 처음 볼 때 전용면적 85㎡(25평)의 가격을 기준으로 보면 편하다. 전용면적 85㎡(25평) 이상은 대형 아파트라고 보통 부르고 전용면적 85㎡(25평) 미만은 일반적으로 소형 아파트라고 한다.

24평형이라고 불리는 전용면적 60㎡(18평) 미만의 아파트는 방 세 개, 욕실 한 개 구조다. 복도식 구조와 계단식 구조로 나뉘는데 계단식 구조는 뒤 베란다가 있는 곳을 말하며 가격이 복도식 구조보다 비싸다. 복도식 구조 아파트는 작은방의 창문이 바로 복도와 맞닿아 있다. 따라서 사생활 침해와 범죄에 노출되기 쉽다. 반면 계단식 구조는 그와 같은 염려가 없을 뿐만 아니라 뒤 베란다 공간을 사용할 수 있어 선호도가 훨씬 높다.

예전에는 2베이 구조였지만 최근 신평면도에는 3베이 구조가 대부분이고 방 세 개, 욕실 두 개까지 있는 곳도 있다. 일반적으로 3인 가족까지 살 수 있는 공간 구조가 나오며 어린 자녀를 둔 가족이 살기에 적당하다. 최근 가구당 가구원 수가 줄어들어 가장 인기 있는 평형으로 떠오르고 있다.

21평형이라고 흔히 불리는 전용면적 50㎡(15평) 내외 아파트는 방 두 개, 욕실 한 개 구조다. 신혼부부가 살기에 가장 적당한 구조다. 대부분 현장에서는 보통 방 두 개와 거실 구조라고 말한다. 2베이 구조로 어린 자녀 한 명 정도 있는 가족도 생활할 수 있는 공간이 나온다. 자녀가 초등학교에 입학하면 바로 60㎡(18평) 이상으로 이사할 생각을 하는 경우가 많다.

18평형이라고 불리는 전용면적 43㎡(13평) 내외 아파트는 방 두 개, 욕실 한 개인 구조다. 1베이 구조가 대부분인데 가끔 2베이 구조가 있다. 2베이 구조는 그나마 베란다가 넓어서 1베이보다는 조금 넉넉하게 공간을 활용할 수 있다.

15평형이라고 불리는 전용면적 35㎡(11평) 내외 아파트는 방 두 개,

베이(Bay)란?

베이(Bay)란 원래 벽이나 기둥 사이의 공간이다. 쉽게 '칸' 정도로 이해하면 된다. 옆의 그림처럼 해가 주로 드는 거실을 기준으로 향하고 있는 방과 거실이 몇 칸인가를 나타낸다. 주로 현장에서는 2베이, 3베이, 4베이 등으로 이야기한다. 베이가 중요한 이유는 햇빛이 들어오기 때문이다. 베이가 많을수록 일조량 확보와 채광에 유리하고 조망이 좋다. 보통 1990년대 지어진 전용면적 85㎡(25평) 아파트는 2베이 구조가 많다. 요즘 짓는 전용면적 85㎡(25평) 3베이 구조보다 햇빛이 적게 들어온다. 최근 전용면적 85㎡(25평) 아파트는 4베이까지 구조를 뽑아내기도 한다. 소비자의 요구를 반영한 것이다. 넉넉한 일조권과 조망권을 확보하고 싶다면 베이를 잘 따져야 한다.

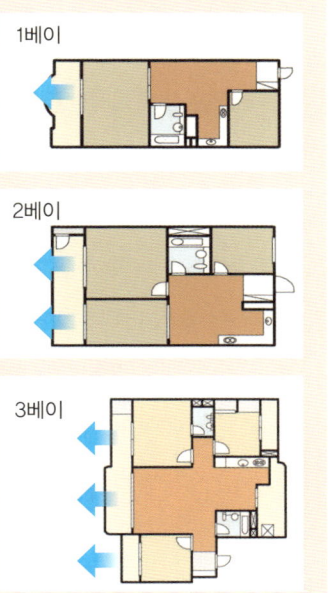

욕실 한 개인 구조다. 1베이 구조로만 되어 있다. 젊은 층이나 혼자 사는 어르신들이 많이 거주한다.

일반적으로 가구원 한 명당 생활이 무난한 공간을 최소 전용면적 20㎡(7평) 내외로 본다. 따라서 내 집 마련을 할 때 가족 구성원 수를 먼저 생각해야 한다. 자녀 계획이 있어서 가족이 늘어날 가능성이 있다면 좀 더 넉넉한 크기의 집도 염두에 두자.

집이라는 것이 크면 클수록 좋지만, 집값이 만만치 않기 때문에 현재의 가족 상황에 맞게 적당하고 합리적인 선택을 하는 게 중요하다. 가구원 수가 많아지면 넓은 평수로 이사를 고려하는 게 맞다. 반대로 가구원 수가 줄어들면 아파트 다운사이징을 통해 낭비되는 공간 없이 사는 것이 현명한 선택이다. 단, 경제적인 측면에서만 보면 그렇다.

집 크기는 정답이 따로 있는 것이 아니다. '차는 안 좋은 것을 타도 집은 무조건 넓었으면 좋겠어.'라고 얼마든지 생각할 수 있다. 집은 물건 이상의 의미를 지닌 감성적 대상이기 때문이다.

아파트 안팎 꼼꼼히 살피기　24

이제 지역이 선정되었으면 본격적으로 집을 구경하러 현장 조사를 나가야 한다. 현장 조사를 나갈 때 체크해야 할 사항을 미리 메모해서 나가는 것이 좋다. 왜냐하면, 현장에 가면 부동산 중개업소 사장의 화려한 언변에 정신을 잃기 쉽기 때문이다. 자신이 중요시하는 기준을 메모하고 체크리스트를 만들어 간다면 부동산 사장의 화려한 언변에도 정신줄을 붙잡고 있을 수 있다. 모든 조건을 다 만족할 순 없지만 자신이 가장 원하는 조건이 무엇인지 정확한 목표와 기준을 가지고 있어야 자기에게 맞는 좋은 집을 선별할 수 있다.

아파트 외부 입구, 엘리베이터, 복도

아파트 건물 입구서부터 살펴야 한다. 입구에서 들어오는 길은 주차장과 연결이 잘되어 있는지, 출입구 동선은 괜찮은지, 게시판과 엘리베이터 내부 청소 관리는 잘되고 있는지, 복도식 구조 아파트일 경우 복도에 섀시가 설치되어 있는지 등 확인한다. 보통 복도식 구조 아파트는 양수기 함이 복도에 있어서 복도 쪽 섀시가 없다면 겨울철 추위로 계량기 동파 사고가 잦다. 또 비 오는 날엔 비가 복도에 들이치고 겨울엔 복도가 빙판길이 될 수가 있다. 단열과 방음, 먼지 방지 면에서도 복도식 아파트는 복도 섀시가 필수다. 복도에 섀시가 없는 아파트라면 같은 층 주민들끼리 층별로 합의해서 설치해야 하는데 세대당 100만 원 정도의 설치비가 들기 때문에 설치하기가 쉽지 않다.

> **아파트 내부** 현관문, 신발장, 거실, 방, 주방, 다용도실, 욕실, 섀시, 창문, 보일러, 배관 등

(1) 현관문, 신발장

현관의 경우 현관문이 녹슬거나 휘어진 곳은 없는지, 잘 열리고 닫히는지, 인터폰이 잘 작동되는지를 보면 된다. 집을 구경할 때는 신발장 크기를 가장 먼저 본다. 요즘은 구두, 샌들, 부츠, 레인부츠, 등산화 등 다양한 종류의 신발이 많으므로 신발장 수납공간이 여유 있을수록 좋다. 크기가 넉넉한지, 위치는 적당한지 확인한다. 현관 입구에는 보통 센서등이 달려 있는데 어두우면 밝은 LED 센서등으로 교체하면 된다.

비용은 1~2만 원 선이다.

(2) 거실, 방, 섀시

거실 전등을 모두 끄고 낮에 봤을 때 집 안이 충분히 밝은지 본다. 햇빛이 넉넉히 들어와야 겨울철 난방비도 절약되고 빨래도 잘 마른다. 그렇지 않으면 낮에도 전등을 켜고 생활해야 하므로 일조량이 많은 집보다 전기료가 많이 나온다. 집이 어느 정도 크다면 거실은 보통 텔레비전과 소파를 놓을 위치를 본다.

섀시는 중요하다. 거실 섀시, 베란다 섀시가 주저앉은 데가 없는지, 잘 열고 닫히는지 움직여 본다. 특히 방 창문 섀시는 이중창으로 되어 있는지, 나무 섀시 창문인지 쇠 섀시 창문인지 하이 섀시 창문인지 살핀다. 나무창, 쇠창의 재질은 단열과 밀폐력이 떨어져 겨울철 황소바람이 창문 틈 사이로 들어온다. 하이 섀시(플라스틱) 이중창이 가장 좋다. 특히 잠을 자는 방의 창은 꼭 이중창인지 확인한다.

창문 섀시는 먼지 차단, 방음(소음 차단), 단열(온도 유지)에 영향을 미치기 때문에 굉장히 중요하다. 연중 기온차가 50℃(여름 35℃~겨울 영하 15℃) 이상 나는 우리나라 기후 특성 때문에 단열에 신경을 많이 써야 한다.

단열은 겨울철 난방 때문에 중요하고 여름철에는 에어컨을 가동하기 때문에 체크해야 한다. 좋은 섀시는 새는 곳 없이 온도를 보존하는데 영향을 많이 미친다. 안방을 볼 때는 3m(10자) 장롱이 들어가는 크기인지도 봐야 하지만 장롱 뒤편(주로 환기가 안 되는 곳)에 곰팡이가 없는지도 유심히 살핀다. 참고로 남향, 동향 등 방향을 판단할 때는 거실을 기준으로 한다.

(3) 앞 베란다, 채광, 전망, 수납공간

앞 베란다를 볼 때는 일조량을 본다. 햇빛을 가리는 건물(앞 동)이나 나무 등이 있는지 살펴본다. 밖에서 보아야 더 정확히 보이는 경우도 많다. 저층인 경우 나무가 햇빛을 가리고 있으면 활엽수인지 침엽수인지까지도 보아야 한다. 활엽수는 겨울철에 나뭇잎이 다 떨어져서 햇빛을 막지 않는다. 반면 침엽수는 겨울철에도 잎이 그대로라 햇빛을 가리는 경우가 많다.

전망은 적당한지, 베란다 창문을 열었을 때 공기 순환이 좋은지도 살핀다. 요즘 짓는 아파트는 베란다 창문이 작게 시공되어 자연 환기에 적합하지 않은 곳도 있다. 베란다 앞에 차가 많이 다니는 도로가 있으면 먼지와 소음에 시달리게 된다.

도로 가까이에 있는 아파트는 창문을 열고 소음을 꼭 들어보자. 겪어본 사람들은 그 고통을 잘 안다. 소음이 심한 경우 거실에서 텔레비전 소리도 제대로 들을 수 없다. 밤에 잘 때는 소음이 더 크게 들린다. 또 바로 앞에 상가나 술집이 있으면 늦은 새벽까지 소음 공해뿐만 아니라 불빛 공해에 시달리게 된다. 밤에 조용하게 잠을 편안히 잘 수 있는 집이 좋은 집이다. 눈으로만 보지 말고 현장에서 밤낮으로 최대한 오감을 이용해서 느껴보길 권한다. 관심 있는 아파트는 밤낮으로 살펴봐야 하지만 유심히 관찰한다면 낮에도 이런 부정적인 요소를 사전에 파악할 수 있는 힌트가 보일 것이다.

베란다 양쪽에는 수납장이 설치되어 짐 보관이 좋은지 살핀다. 계절별로 쓰는 큰 짐(선풍기, 제습기, 가습기 등)은 베란다에 보관하면서 시즌별로 꺼내 쓰는 경우가 많다. 베란다 천장에 설치된 건조대의 경우 빨래가 잘 마르게 햇빛이 잘 드는 위치인지도 보아야 한다. 햇빛이 드는 곳이 아니라면 건조대를 옮겨 다른 곳에 설치한다.

(4) 주방, 다용도실, 뒤 베란다

주방의 경우 싱크대 상판 조리대 공간이 여유 있는지, 수납공간은 상부장, 하부장이 넉넉한지 보아야 한다. 쿡탑(매립형 가스레인지)이 설치되어 공간 활용이 좋은지, 후드는 잘 작동을 하는지, 환기할 수 있는 주방 창문이 있는지도 살핀다.

미리 아파트 구조도를 파악해놓으면 편하다. 생각했던 것과 실제가 어떻게 다른지 현장에 나가 차이를 보면 배우는 것이 많다. 가구, 가전제품 같은 살림이 들어가 있는 상태의 집을 보는 것과 공실인 집을 보는 것도 많이 다르다. 신혼부부의 살림이 들어가 있는 집과 중년 부부가 사는 집의 느낌도 완전히 다르다. 같은 단지 같은 구조라도 전혀 다른 느낌이니 될수록 많은 집을 보길 권한다.

하지만 더 중요한 점은 전체 크기를 익히는 것이다. 주방이 너무 크진 않은지 살핀다. 주방이 작아도 문제지만 너무 쓸데없이 커도 방이 작아지므로 적당한 밸런스를 유지해야 한다. 우선 냉장고 자리를 확인하고 그다음 세탁기 자리, 식탁 자리 순으로 확인해나간다.

계단식 구조 아파트는 뒤 베란다가 넉넉한지, 주방을 기준으로 양쪽 다 통 베란다가 있는지 살핀다. 살림을 하다 보면 주방의 많은 물건을 뒤 베란다에 수납하는 경우가 많다. 음식을 잠깐 식히거나 다양한 식재료를 저장할 때도 햇빛이 안 드는 서늘한 뒤 베란다가 유용하다.

다용도실이 있는 경우 세탁기를 놓거나 동시에 보일러실과 겸한 경우도 많다. 보일러가 있는 장소는 창문을 통해 가스 환기 문제와 배관, 콘센트도 체크한다. 세탁기를 놔야 하는 경우는 상수, 하수, 전기를 확인한다. 원하는 세탁기가 들어갈 수 있는 크기가 나오는지 가로×세로×높이 사이즈도 정확히 확인한다.

(5) 욕실

욕실은 여자들이 주방과 더불어 가장 많이 신경 쓰는 부분이다. 욕실이 너무 작아서 사용이 불편하지 않은지, 욕조가 설치되어 있는지 등도 체크 한다. 욕조는 아이들을 씻기거나 겨울에 이불 빨래할 때 유용하다. 욕실 환풍기는 작동이 잘되는지, 테이프나 시트지로 막았는지 확인한다. 환기구를 통해 위 아래층의 안 좋은 냄새(담배 냄새 등)가 들어와서 막은 경우가 많다.

욕실에 콘센트가 없는 경우는 비데 설치나 전자제품 사용이 힘들다. 수압이 강한지도 체크 하고 변기물이 잘 안 내려가면 변기 교체도 생각해본다. 비용은 25만 원 내외다. 안방에 욕실이 있다면 샤워까지 가능한지 크기는 적당한지 살펴본다.

(6) 보일러, 배관

개별난방 아파트는 보일러가 세대별로 있다. 보일러는 설치할 때 시공 일자를 겉에 기록하기 때문에 시공 일자를 확인하면 되는데 10년이 넘었다면 교체하는 것이 좋다. 비용은 40~70만 원이며 평형별, 제품별로 다양하다. 보일러가 없는 지역난방, 중앙난방은 겨울철 난방비를 미리 확인한다. 관리비 영수증이 있다면 참조할 수 있다. 보통 난방비는 중앙난방 > 개별난방 > 지역난방 순으로 적게 나오는 게 보통이다.

보일러 배관이 낡아서 누수가 있거나, 연소통 설치가 일반적이지 않은 곳이 있는데 이런 경우 꼭 보일러 기사를 불러서 확인해야 한다. 보일러는 겨울철 집안의 난방과 온수를 책임지면서 동시에 유독가스 배출이 되는 중요 위험 시설이라 철저하게 관리해야 안전하고 효율적으로 사용할 수 있다.

(7) 기타

전체적으로 아파트를 볼 때는 누수나 결로가 없는지 천장, 벽면을 꼼꼼히 살펴본다. 특히 아파트 1층, 탑층, 사이드 집은 결로가 심한 경우가 많다. 결로가 심하면 보통 시트지 같은 것으로 곰팡이 얼룩을 가려

🔑 집 구경 체크리스트 24

입구, 복도
1. 유모차 이동이 자유로운지 확인한다.
2. 복도식 구조일 경우, 복도 섀시가 있는지 확인한다.

신발장, 현관
3. 신발장은 수납을 충분히 할 정도로 넉넉한지 확인한다. 키 높이 신발장인가?
4. 현관문은 상태가 양호한지 확인한다.

거실
5. 전등을 끄고 햇빛이 잘 드는지 확인한다. 밖에 집 안을 가리는 건물이나 나무가 없는가?
6. 창문을 열고 매연, 주변 소음을 체크한다.
7. 텔레비전 놓을 위치를 확인한다.

방
8. 안방은 3m(10자) 장롱이 들어갈 수 있는 크기인지 확인한다.
9. 침대 위치나 크기가 방에 적당한지 확인한다.
10. 작은방에는 옷장, 컴퓨터 책상이 들어가는지 확인한다.
11. 장롱 뒤편에 곰팡이는 없는지 확인한다.

섀시
12. 방 섀시는 이중으로 되어 있는지 살피고 재질이 플라스틱, 쇠, 나무인지 확인한다.
13. 베란다 섀시는 양호한지 확인한다.
14. 보일러실 섀시는 환기구와 겹치는 부분이 잘 마무리되었는지 확인한다.

베란다, 다용도실, 보일러실
15. 세탁기 위치, 크기, 상하수도 설비가 양호한지 확인한다. 수납장은 충분한가?
16. 확장된 곳이 있다면 바닥 난방은 되는지, 결로, 곰팡이, 누수 여부를 확인한다.
17. 보일러 연식을 확인하고 10년 넘은 것은 교체한다. 보일러 배관, 조절기를 확인한다.

주방
18. 싱크대 크기, 수납공간, 후드 작동, 수압을 체크한다.
19. 냉장고 자리, 크기(양문냉장고 보통 가로 1m × 세로 1.8m), 콘센트를 확인한다.
20. 식탁 자리를 확인한다.

욕실
21. 욕조가 있는지 확인한다.
22. 세면대, 변기 상태가 양호한지 확인한다.
23. 환풍기 작동 상태가 양호한지 확인한다.

층간 소음
24. 층간 소음을 확인한다.

놓는 집이 많으니 잘 살펴야 한다. 창문 섀시 실리콘에 곰팡이 자국이 있는지도 확인한다. 물을 많이 쓰는 싱크대 주변, 욕실 주변, 확장한 섀시 주변은 바닥재가 변색하였거나 썩은 곳이 없는지 확인하고 깔판 등으로 가려놓은 곳도 많으니 꼭 들춰본다.

발코니를 확장한 집은 확장 공사를 했을 때 단열 공사와 바닥 난방 배관 공사를 꼼꼼히 했는지도 체크 한다. 추가로 벌레(바퀴벌레 등)가 많은 집을 알아보는 방법은 간단하다. 싱크대, 신발장에 벌레 제거제를 설치해 놓았는지를 살펴보면 된다. 방역업체를 부르면 되지만 그래도 사전에 파악은 해야 한다.

[사례] 내가 산 꼬마 아파트 3

경기도 성남시 분당구 금곡동133 청솔9단지 90×동 ○○○호
: 전용면적 36.54㎡(11평)

2010년에 샀던 성남시 분당의 꼬마 아파트는 입지가 좋았다. 대단지로 조성된 데다 택지가 깨끗하고, 미금역 근처에 있어서 교통도 편리했다. 아파트 단지 뒤로 탄천이 흐르고 있어 주변 환경도 쾌적했다. 이 아파트를 살 무렵은 금융위기 끝자락이어서 수도권 부동산 경기가 얼어붙어 있었다. 나는 이 아파트를 1억 7,000만 원에 샀다가 몇 년 뒤에 매도했다. 이 아파트 역시 현재(2016. 10.) 가격이 많이 상승해서 KB부동산 매매 시세로 2억 8,500만 원이다.

주변 환경 체크　25

집 내부를 봤으면 이제 주변 환경을 점검해야 한다. 넓은 의미에서 교통, 학군도 주변 환경에 포함된다. 사실 집 내부보다 주변 환경이 더 중요하다. 예를 들면 똑같은 A와 B 신규 아파트가 있다. 같은 브랜드, 같은 구조, 같은 평형 아파트라고 가정하자. A는 전철 역세권, 대단지, 학군 좋은 곳에 있고, B는 나 홀로 아파트인 데다 공장 지대 한가운데 있다. A, B 아파트에 대한 선호도와 가격은 전혀 다르다.

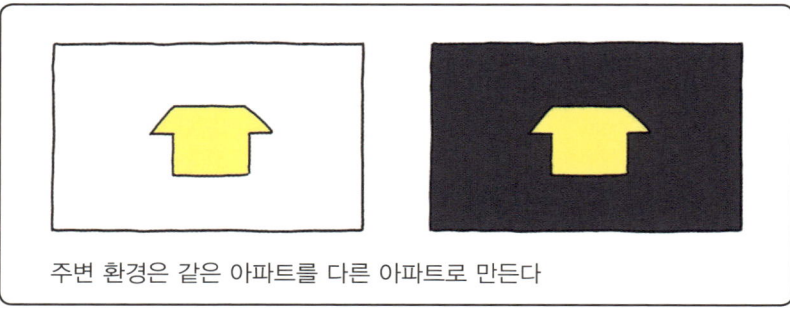

주변 환경은 같은 아파트를 다른 아파트로 만든다

같은 구조, 같은 평형, 같은 브랜드라도 아파트 가격은 주변 환경에 영향을 많이 받는다. 아파트 주변에 평범한 가족이 일상생활을 하는데 불편함 없는 시설이 갖추어져 있는가를 확인해야 한다. 관심 있는 주택 입지가 내가 예전부터 잘 알고 있는 지역이라면 주변의 특징을 알겠지만 모르는 지역이라면 곳곳을 돌아다니면서 실제로 주변이 어떤지 본인이 직접 확인하는 것이 좋다. 중개업소 사장들은 좋은 점만 이야기하기 때문에 때에 따라서는 중요한 단점을 놓칠 수가 있다. 동네 사람들은 걸어서 전철역까지 10분 거리라고 했는데 실제로는 뛰어서 10분 거리인 경우도 있다.

전철역까지 거리, 버스 정류장(운행 노선, 배차 간격, 막차 시간), 마을버스 배차 간격을 확인한다. 자녀가 있다면 초등학교, 유치원, 어린이집 위치를 우선으로 살펴봐야 한다. 주변 사람들을 인터뷰하고 인터넷 지역 카페 커뮤니티에 가입해서 엄마들의 의견을 들어보는 것도 좋은 방법이다.

대형 병원, 보건소, 약국, 동네 병원도 확인한다. 아이를 키우는 집은 24시간 응급실이 운영되는 대형 병원이 근처에 필요하다. 한밤중에 아이가 아프면 외진 곳에 사는 사람들은 차를 끌고 몇 시간 운전해서 대형 병원이 있는 도심지로 나가야 한다. 보건소는 1년에 여러 차례 예방주사를 맞아야 하는 갓난아기들에게 유용하다. 약국, 소아청소년과, 내과, 치과, 한의원 등 기본 1차 의료기관인 개인 병원이 군데군데 있으면 편하다. 그러려면 아파트 단지가 2,000세대 이상 되는 대단지거나 나 홀로 단지가 많이 모여 있어 상가에 이러한 편의 시설이 충분히 운영

되는 곳이어야 한다.

도롯가나 마트, 초등학교, 시장, 공원 바로 옆 아파트는 소음 피해를 보는 경우가 많이 있다. 예전에 초등학교와 딱 붙어 있는 아파트에 살아 본 적이 있다. 이사한 첫째 주 주말부터 새벽 5시에 동네 조기 축구회 아저씨들이 몰려나와 소리 지르며 공을 차는 소리를 들어야 했다.

토요일, 일요일은 늦잠을 자고 싶은 게 보통 사람들의 마음인데 온 동네가 떠나가라 소리를 지르며 새벽부터 공을 차 대니 참을 수가 없어서 옆 단지로 이사한 적이 있다. 이사한 곳 바로 앞에 고등학교가 있었다. 부동산 중개업소 사장한테 이사하는 이유를 말했더니 큰 소리로 장담했다.

"걱정하지 마세요. 여기는 고등학교라 고3 애들이 공부해서 절대로 소음이 없어요."

주변 환경 체크리스트 10

1. 전철역 직선거리, 지름길로 실제 걷는 거리, 노선, 배차 간격, 막차 시간 확인하기
2. 버스 정류장 위치, 버스 전용 차로, 운행 노선, 배차 간격, 막차 시간 확인하기
3. 자동차 진입로, 근처 주요 도로, IC 접근성 확인하기
4. 마트, 재래시장, 편의점, 약국, 세탁소, 병원 등 편의시설 확인하기
5. 은행(주거래 은행, ATM 기계) 확인하기
6. 초등학교, 유치원, 어린이집 위치 확인하기
7. 공원, 산책길, 체육관 등 확인하기
8. 주말 소음(초등학교 운동장, 교회) 확인하기
9. 심야 소음(버스, 택시, 택배 차고지, 유흥가 근처, 공원 바로 앞) 확인하기
10. 주민 센터, 보건소, 우체국 등 공공 서비스 확인하기

반신반의했지만 정말로 조용했다. 조용한 걸 중요한 조건으로 생각하는 사람에게는 경험상 고등학교 근처를 추천한다.

집의 가치를 끌어올리는 리모델링 — 26

　같은 단지, 같은 크기 아파트라도 집 구경을 하다 보면 어떤 집은 아파트 나이만큼 낡은 집이 있다. 20년 된 아파트에 집주인이 분양 때부터 살고 있으면 20년 전, 입주 때 모습 그대로인 집이 있다. 반면, 섀시도 하이 섀시로 바꾸고 욕실, 싱크대를 모두 최신식으로 리모델링한 집도 있다.

　매일 집을 보러 다니는 나도 새로 리모델링을 한 집을 보면 들어가서 살고 싶을 때가 있다. 또 반대로 분양 때부터 도배 한 번 안 해서 벽지가 누런 집을 구경할 때는 주인이 대충 어떤 사람인지 알 것 같았다. 이런 집은 집을 팔 때 좋은 가격을 받을 수 없다. 집을 살 때는 오히려 이런 집이 가격 조정에 유리하다. 단, 입지가 좋은 아파트여야 한다. 리모델링 공사 기간은 주말 포함해서 보통 2~3주면 적당하다. 기간이 너무 짧으면 꼼꼼하게 시공하기가 어렵다.

"낡고 지저분한 아파트를 힘들게 리모델링 하지 말고 새 아파트를 사는 건 어때요?"라고 묻는 이도 있을 것이다.

당연히 새 아파트면 좋겠지만 새 아파트는 리모델링 비용보다 비싸다. 자금이 넉넉하지 않으면 구 아파트를 사서 자기 마음에 들게 리모델링해서 새 아파트로 만드는 것이 효율적이다. 아파트 리모델링은 골조만 남겨놓고 섀시부터 다 뜯어내고 공사해도 공급면적 3.3㎡당 공사비 90만 원이면 넉넉하다. 근처 새 아파트 시세를 보면 구 아파트에 공사비를 더한 것보다 비싸다는 것을 알 수 있다. 그러니 구 아파트를 리모델링 해서 새 아파트로 만드는 게 더 현명한 선택이다.

> **구 아파트 가격 + 리모델링 공사비 〈 새 아파트 가격**

새 아파트 가격이 비싼 이유는 건설사가 비싸게 분양하기 때문이다. 수요와 공급에 따라 가격이 형성되니 비싸면 안 팔려서 건설사가 가격을 낮출 텐데 그렇지 않다. 새 아파트를 분양받는 사람들은 근처 구 아파트 가격을 잘 모른다. 더군다나 리모델링 비용은 감도 못 잡고 어떻게 해야 하는지 방법도 잘 모른다. 리모델링 공사는 힘들지만, 공사 전후가 극명하다. 신경 쓰고 돈 들인 만큼 깨끗하고 좋은 집을 만들 수 있다. 리모델링으로 새 아파트를 만들고 나면 살기 편해 고치길 잘했다는 생각이 들 것이다. 더군다나 리모델링을 하면 집의 가치와 가격도 올라간다.

1990년대 지어진 아파트 리모델링 사례
올 화이트 젠 스타일 인테리어

최근 스타일 리모델링 공사 현장

리모델링 순서

리모델링은 순서가 중요하다. 순서가 맞지 않으면 일하기도 힘들고 공사 마감도 깔끔하게 나오지 않는다. 일반적인 공사 순서는 아래와 같다.

> 철거 ▶ 섀시 ▶ 보일러 배관, 설비 ▶ 페인트 ▶ 타일 ▶ 목공 ▶ 도배 ▶ 바닥 ▶ 싱크대, 신발장 ▶ 전기공사 ▶ 입주 청소

1. 철거
전체 리모델링 공사를 할 때는 철거가 공사의 시작이다. 오래된 싱크대, 신발장, 욕조, 세면대, 변기 등을 제거한다.

2. 섀시
요즘은 하이 섀시를 가장 많이 사용하는데 진공 이중 유리와 강화 플라스틱 프레임으로 되어 있다. 섀시 공사는 공사 초반에 하며 철거와 시공이 보통 하루에 이루어진다.

3. 보일러 배관, 설비
중요한 설비이므로 공사 전에 꼭 확인해야 한다. 보일러가 잘 작동되는지, 배관 주변 누수, 곰팡이가 없는지 살펴본다.

4. 페인트
페인트를 칠할 곳은 의외로 많다. 베란다, 다용도실, 문짝, 문틀, 가스 배관 등을 칠해야 한다.

5. 타일
욕실뿐만 아니라 베란다 바닥, 다용도실 바닥, 싱크대 타일, 현관 타일까지 모두 타일 시공을 한다. 보통 1~2일 정도 시공한다. 욕실은 타일 시공이 끝나고 마르면 변기와 세면대를 앉힌다. 전체 욕실 공사는 3~5일 정도 걸린다.

6. 목공
몰딩, 걸레받이, 문짝, 문틀 틀어진 것 수리 및 교체, 외벽 단열공사 등이다. 양에 따라 1~2일 정도 시공한다.

7. 도배
도배는 넓은 아파트라도 도배사를 몇 명 더 써서 하루에 끝내는 게 일반적이다. 깨끗하게 마무리하려면 미리 전등 제거, 콘센트 제거 등 밑 작업을 해야 한다.

8. 바닥
손 빠른 전문가들은 몇 시간이면 장판을 깐다. 깔기 전에 문지방 제거 등 바닥면을 평평하게 하는 작업이 먼저 이뤄져야 한다. 경험상 품질 좋은 장판이 제일 무난하고 관

리가 쉽다.

9. 싱크대, 신발장
전체 리모델링 시공할 때 첫날 싱크대와 신발장을 철거한다. 제작 전 사이즈를 잴 때는 싱크대와 현관의 타일 공사가 끝난 후 정확히 재는 게 좋다. 보통 주문 제작이며 제작 기간은 3일 내외고 시공은 하루에 끝낸다.

10. 전기공사
전기공사는 보통 전등, 콘센트, 스위치를 교체하는 것만 생각하는데 그렇지 않다. 집안의 어두운 장소나 구석진 곳에 전등을 설치하면 생활하기 편할 뿐만 아니라 분위기도 환하게 바뀐다. 조명이 밝으면 집안이 넓어 보이고 전체적으로 안정감을 준다.

11. 입주 청소
직접 청소를 하는 것도 좋지만, 눈에 보이지 않는 곳이나 창틀처럼 손대기 힘든 부분까지 청소하고 싶다면 전문 입주 청소 업체를 이용하는 것도 큰 도움이 된다.

8장
쏘쿨의 내 집 마련 고민 상담소

인구가 감소한다는데 괜찮을까요? | 27

    나는 연간 약 100쌍 정도의 사람들에게 내 집 마련에 대한 상담을 받는다. 다음은 대략 500쌍 정도 상담한 내용 중에서 가장 많이 하는 질문에 답한 내용이다. 사람마다 다양한 고민과 상황이 있지만 비슷한 내용도 있었다. 사람들이 자주 하는 질문에 대한 생각을 한 번쯤 짚고 넘어가면 좋을 듯하다.

    우리나라 인구가 급격히 줄어든다고 생각하는 사람들이 많다. 주변을 보아도 한 가정에 아이를 한 명만 낳거나 아예 낳지 않는 부부들이 점차 늘고 있다. 물론 출산율이 현저히 감소한 것은 사실이다. 이렇게까지 아기를 낳지 않으면 미래에 인구가 감소하는 것은 당연하다.

    단, 여기에는 전제 조건이 있어야 한다. 지금부터 외국인을 한 명도 받지 않는다면 예상대로 인구는 확 줄 것이다. 그러나 현재 우리나라에는 내국인만 사는 것이 아니라 외국인도 살고 있다. 또 보수적인 통계청에서도 2030년까지 우리나라 인구는 증가한다는 조사 결과를 발표했다. 2030년 이후에나 우리나라 인구는 정점을 찍고 서서히 줄어든다고 공식적으로 이야기했다. 이 통계는 우리나라 출생 인구와 사망 인구를 계산한 단순 자료일 뿐이다.

인구통계는 주민등록에 등록된 사람들만 나타낸 것이다. 하지만 앞에서 말했듯이 우리나라 안에는 주민등록증이 없는 사람들도 많이 살고 있다. 외국인 노동자, 외국인 사업가, 유학생 등 현재 우리나라는 비등록 거주 인구가 급격히 늘었다.

국회 입법조사처가 발표한 보고서 자료에 따르면, 국내 거주 외국인 수는 2015년 현재 전체 주민등록 인구 대비 3.4%에 달하는 것으로 나타났다. 국내 거주 외국인 수는 2006년 약 54만 명에서 2015년 약 174만 명으로 10년 만에 세 배 넘게 증가했다. 주민등록증이 있는 인구든 비등록으로 잠시 거주하는 인구든 그들에게는 모두 살 집이 필요하다. 살기 위해 집이 필수인 것은 내국인, 외국인 모두 다 마찬가지다.

그런데 거주 인구의 증가보다 더 중요한 것은 가구 수의 증가다. 내가 어렸을 때만 해도 한 집에 할아버지, 할머니 세대와 부부 세대 그리고 아이들, 3대가 모여 사는 집이 많았다. 우리 집도 그랬다. 그러나 요즘은 3대가 함께 사는 대가족을 찾아보기 힘들다.

몇십 년 전부터 핵가족화되면서 결혼한 자녀들은 부모에게서 독립했다. 최근 몇 년 사이에 새로운 풍조가 생겼다. 부모님이 손주를 돌봐주기 위해 결혼한 자녀 집으로 출퇴근하는 것이다. 아니면 기간을 두고 부모님이 자녀 집에 살면서 손주를 돌보는 것이다. 그러나 아예 자식들과 같이 살며 손주를 돌보는 경우는 드물다. 부모님들은 그렇게 몇 년간 손주들을 정성껏 키우다 손주들이 어느 정도 크면 부모님은 원래대로 다시 자녀 세대와 따로 산다.

가구당 가족 구성원 수가 줄어들고 있지만, 가구 수는 점점 늘고 있다. 예전처럼 주택 한 채에 모여 살던 대가족은 사라졌기 때문이다. 결혼 전까지 자녀와 함께 살았던 예전에 비해 자녀들의 독립 시기가 점차 빨라지고 있는 경우도 있다. 지방에 살 경우 독립은 서울 수도권으로 대학을 다닐 때부터 시작된다.

자녀들은 직장이 어디 있느냐에 따라 거주할 곳을 정한다. 마지막 단계의 독립은 자녀의 결혼이다. 주변을 봐도 독립을 하지 않은 신혼부부는 찾아볼 수 없다. 자녀를 다 출가시킨 부모들은 살림을 줄여 작은 아파트로 이사한다. 식구가 많았을 때는 큰 집 한 채가 필요했는데 이제는 가족들이 뿔뿔이 흩어져 작은 집 여러 채가 필요한 것이다.

최근에는 부모님이 은퇴 후 전용면적 85㎡(25평) 아파트를 정리하고 전용면적 60㎡(18평) 이하 아파트로 줄이려고 하는데 어떻게 하는 게 좋겠냐는 문의를 많이 받는다. 경제적 여유가 있다면 넓은 평수에서 계속 지내는 것도 좋다. 하지만 고정 수입이 없으면 아파트 관리비는 부담스러울 수 있고 청소도 힘들다.

하지만 부모님의 이런 이유는 대개 자녀들 듣기 좋으라고 하는 말인 경우가 많다. 관리비나 청소 부담보다 당신들의 집을 줄여 남는 돈으로 자녀들이 더 좋은 집을 구할 때 보탬이 되고자 하는 마음이다. 눈에 넣어도 안 아픈 손주들이 커 가는데 좁은 집에서 사는 게 안쓰럽다는 것이다. 그러고도 돈이 남으면 그것으로 자신들의 노후를 준비한다.

부동산 현장에 오래 있다 보니 집을 팔아 그 돈의 일부를 자녀 손에 쥐여주는 경우를 종종 본다. 그때마다 마음이 짠해진다. 부모님의 사랑은 내 집 마련에서도 넓은 바다와 같다. 그러니 부모님이 걱정하지 않게 자신이 스스로 노력해서 열심히 저축한 돈으로 집을 마련하길 바란다. 그것이 바로 효도다.

28. 주택 보급률이 100%를 넘었다는데 굳이 집을 사야 하나요?

주택 보급률이 100%를 넘었다고도 하고 지방엔 미분양 사태가 속출한다고도 한다. 오피스텔 공실도 넘쳐난다는 얘기도 들린다. 그러나 미분양 아파트가 아무리 많다고 해도 현재 우리나라 주택 보급률은 100%가 넘지 않았다. 예전 계산 방식에서는 1인 가구를 제외했기 때문에 그런 결과가 나올 수 있었다. 하지만 최근 계산 방식이 바뀌어 우리나라 주택 보급률은 수치상 90%대 정도를 보인다.

> (주택수 ÷ 가구수) × 100 = **주택보급률(%)**

우리나라 주택은 2014년 기준으로 1,870만 호 정도로 파악된다. 총 가구 수는 2014년 기준으로 2,100만 가구 정도다. 단순하게 보면 200

만 가구 이상의 주택이 부족한 실정이다. 통계에 나온 주택 수에는 실제로 사람이 사용하지 않는 지방의 낡은 폐가, 별장, 세컨드 하우스, 40년 넘은 재개발 지역의 쓰러져가는 주택까지 포함되어 있다.

또 가구 수에는 주민등록등본상 함께 있지만 실제로는 떨어져 사는 가구도 한 가구로 계산된다. 현재에는 한 가구이지만 집이 여러 채 필요할 때가 있다. 자녀가 타지에 있는 대학에 입학하거나, 직장에서 업무상 타지로 발령을 받으면 집을 따로 구해 나갈 수밖에 없다. 정확하게 계산을 하지 않았다고 해도 주택은 최소 250만 가구 이상 부족한 것이다.

주택 보급률은 항상 그 시대 서민 정치의 치적이기에 과장되게 포장하는 경우가 많다. 뉴스나 언론에서 나오는 내용을 말 그대로 믿지 말길 바란다. 자신의 생각을 키워야 한다. 귀찮아하지 말고 부동산 현장을 많이 돌아다녀라. 과연 서울, 수도권에 집이 넘쳐나는지, 부족한지 스스로 알게 될 것이다.

집값이 너무 비현실적인 것 아닌가요?

29

　집값 때문에 우는 서민들이 점점 늘고 있다. 예년보다 집값이 많이 오른 것은 사실이다. 그런데 집값만 올랐을까? 모든 물가가 다 오르고 있다. 내가 어렸을 때 짜장면은 500원이었다. 요즘은 4,000원 선이니 여덟 배 정도가 오른 셈이다. 그렇다면 요즘 500원으로 무엇을 먹을 수 있지? 할인하는 아이스크림? 아니면 초등학교 앞에서 파는 500원짜리 컵 떡볶이?

　이렇게 말하면 내가 아주 옛날 사람처럼 느껴지는데, 나는 콩나물 100원어치 사오라는 심부름을 한 세대다. 그때는 100원이면 콩나물 파는 아주머니가 약간 과장해서 봉지 가득 콩나물을 담아줬다.

　버스요금은 어땠을까? 1990년대 초반만 해도 서울 버스요금이 170원 정도였다. 그것도 1980년대 초반 110원에서 약 50% 폭등한 요금이었다. 현재 2016년 서울 버스요금은 얼마인가? 1,300원이다. 서울 버스요금은 1980년대 대비 1,180% 상승했고, 1990년대 대비 765% 상승했다.

서울 버스요금은 비현실적으로 많이 오른 것이 아닌가? 그렇게 말하는 사람은 없다. 인플레이션은 경제가 성장하는 나라에서는 당연한 현상이다. 우리나라 경제 규모가 거대해지고, 커진 경제를 움직이기 위해 시중에 돈(통화량)이 많이 풀리는 것이다. 이런 영향은 대부분 물건과 서비스의 가격을 상승시킨다. 우리나라 경제는 앞으로도 지속해서 성장할 것이며 그에 따라 물가도 계속 오를 것이다.

물가 상승의 가장 큰 원인은 무엇일까? 내가 어렸을 적에 상품 원산지는 '메이드 인 코리아'라고 찍힌 물건이 대부분이었다. 그리고 우리나라 외에서 만든 물건은 쳐다보지도 않았다. 그런데 언젠가부터 상표의 원산지가 '메이드 인 차이나'로 바뀌기 시작했다. 오늘날은 어떤가? 물건을 살 때 원산지를 확인해본 적이 있는가? 듣도 보도 못한 원산지의 상표들이 진열대에 가득하다. 원산지가 바뀌는 현상은 인건비 때문이다. 인건비는 물가를 상승시키는 중요 요인이다.

만약 앞으로 우리나라 인건비가 하락한다면 집값도 하락하는 결과를 낳을 것이다. 그러나 나는 우리나라 인건비는 앞으로도 꾸준히 상승할 것으로 본다. 인건비 상승으로 물건 가격, 서비스 가격도 대부분 상승할 것이다. 인건비, 원자재, 땅값 등이 상승하니 당연히 집값도 오를 가능성이 높다. 그러면 반대의 경우를 한번 생각해보자. 집값이 지금보다 하락하면 어떻게 될까? 집 없는 사람들이 집을 살 수 있을까?

"당연히 살 수 있지 않아요?"

이렇게 말한다면 그건 실물 경제를 모르는 소리다. 하락한다면 누가 집을 살까? 집값이 뻔히 하락할 걸 알고 있다면, 집을 살 사람은 없을 것이다. 요즘도 왜 집을 사지 않느냐고 물으면, 집값이 내려가는 게 두려워서라고 하는 이들이 많다. 그런데 실제로 집값이 내려가는 게 기정사실이라면 더욱이 집은 사지 않을 것이다. 집값이 계속 하락하는 경제 침체기라면 집값이 문제가 아니라 우리나라 경제 자체가 위급한 상황이고 비상사태라고 할 수 있다.

그렇다면 이런 경제 위기는 누구에게 좋을까? 이런 상황이 된다면 회사에서는 직원들에게 명예퇴직하라고 압박할 것이고 인원 감축을 위해 사원들의 작은 실수도 용납하지 않을 것이다. 경제 위기에 안전한 회사는 없다. 파산하고 무너지는 회사가 우후죽순으로 생길 것이다. 경제가 무너지면 집값도 무너진다. 경제 위기는 모든 사람이 힘들어지는 걸 의미한다. 그러니 경제 위기를 반길 사람은 이 세상에 단 한 명도 없다.

실제로 우리나라에서 그런 일이 발생하지 않았던가? 1997년 IMF 외환위기와 2008년 세계 금융위기. 나는 특히 2008년 금융위기를 온전히 겪었다. 그때 서민들은 집을 사는 건 고사하고 오히려 가지고 있던 조그만 집마저 팔면서 버텼다. 집주인에서 하루아침에 세입자로 내려앉으면서 희망도 사라졌다. 집값이 하락해야 집을 살 수 있다는 생각은 경제를 전혀 모르는 정말 순진한 생각이다.

집값이 하락하면 대출해준 은행, 건설업, 인테리어 업체, 자재업체, 중개업, 이삿짐센터, 가구회사, 가전제품 회사 등 모든 회사가 매출이 급격히 줄어 문을 닫게 된다. 현대사회는 유기체와 같다. 모든 분야가 톱

니바퀴처럼 연결되어 있어 하나가 무너지면 다른 분야에 바로 영향을 미친다. 결국 우리나라 경제 전체가 위협을 받는 것이다. 따라서 집값이 물가상승분 정도로 천천히 오르게 하는 것이 정부의 목표다. 정부는 건설업뿐만 아니라 우리나라 경제 전체를 살리고 성장시키려 한다. 소비자와 생산자 사이에 활발한 거래가 이루어져 일자리가 늘고 경제 전반에 활력이 돌게 하는 것이 정부의 목표다. 이것이 자본주의 시장 경제가 굴러가는 중요한 동력이다.

현재 집값은 비현실적이지 않다. 현재 우리나라 집값은 우리나라 1인당 국민소득(2015년 기준 약 27,340달러)에 걸맞은 자산 가격이다. 집값은 어느 한 사람이 결정하는 것이 아니다. 여러 요소가 맞물려 가격이 결정되는 것이다. 결국, 수요와 공급이 만나는 지점에서 가격은 결정된다.

그런데도 집값이 비싸다고 느끼는 사람들이 많다. 그렇게 느끼는 것은 심리적 요인이 크다. 집값이 비싸다고 느끼는 것은 타 물건에 비해 거래되는 돈의 단위가 훨씬 크기 때문이다. 1만 원에서 2만 원으로 가격이 오른 것과 1억 원에서 2억 원으로 가격이 오른 것은 같은 비율이어도 체감 정도가 다르다. 1만 원은 1억 원에 비해 쉽게 구할 수 있지만 1억 원을 구하기란 여간 어려운 일이 아니다. 대부분 사람이 1억 원을 벌려면 엄청난 노력을 해야 한다. 그럴 바에야 차라리 집을 포기하고 싶은 생각이 들지도 모른다.

'절망 체감비'라고 들어봤는가? 능력의 한계를 느꼈을 때 사람들은 절망한다. 혼자만 절망하면 상관이 없는데 절망하는 순간 사람들은 열등

감에 빠져 안 해도 될 주변 의식을 하기 시작한다. 가족을 위해 편안한 보금자리 하나 준비하지 못한다는 가장으로서 좌절감에 빠진다. 실제 온도는 영하 5℃이지만 바람이 불어 체감 온도는 영하 20℃로 느끼는 것과 같은 이치다. 집값이 상승하면 집을 사지 못하는 사람들은 집값 상승률에 절망 체감비까지 포함되어 집값이 턱없이 비싸다고 느낀다.

[사례] 내가 산 꼬마 아파트 4

**경기도 고양시 덕양구 행신동 793 부영아파트 90×동 △△△호
: 전용면적 43.76㎡(13평)**

2006년 10월. 서울 수도권 부동산 가격이 폭등하였다. 매달 아파트 가격이 1,000만 원씩 오르던 시기였다. 싼 매물이 나오면 연락을 준다던 부동산에서 전화가 왔다. 받아 보니 급매물이 나왔다는 부동산 사장의 전화였다. 사장의 다급한 목소리에 주말 계획을 취소하고 같이 매물을 보러 가기로 약속하고 집을 나섰다. 다행히 집 근처여서 빠르게 도착했지만, 아파트의 복도에 들어서자 웅성웅성하는 소리가 들렸다. 이미 우리보다 한발 앞서 도착한 사람들이 많았다. 아파트 문 앞에는 다른 부동산에서 온 사장과 손님들이 줄을 서서 차례를 기다리고 있었다. 세 팀 정도가 나가고 우리 차례가 되었다.

집 안에서는 세입자가 설거지를 하고 있었다. 세입자의 이야기를 들어보니 매도자는 지방에 있는 사람으로 사업자금이 급해서 아파트를 내놓았다고 한다. 추측하건대 아파트 주인은 최근 폭등한 서울, 수도권 아파트 시세를 모르는 것 같았다. 집을 보고 나오면서 나는 바로 폰뱅킹(예전에는 이렇게 했다)으로 가계약금을 넣었다. 내가 이 아파트를 매입한 가격은 9,000만 원대였다. 최근 서울, 수도권 부동산 시장이 10년 만에 호황을 맞이했다고 하지만 그 당시만큼 과열되지는 않았다. 이 꼬마 아파트의 현재 매매 시세는 2억 원이다(KB부동산 시세 기준).

대출 금리가 상승하면 어떡하나요?

30

대출 금리가 상승할지 모른다는 생각에 은행 대출을 무서워하는 사람들이 많다. 집을 마련할 때 자신이 가지고 있는 돈으로만 집을 사는 경우는 열 건 중 한 건도 안 된다. 대부분이 은행에서 집값 일부분을 대출받고 집을 매입한다. 나도 초반에 장만할 때 그렇게 시작했다. 대출을 받으면 금리에 따라 이자를 매달 지급해야 하는데 물론 부담스러운 일이다.

그럼 집을 사지 않고 임대로 살면 괜찮을까? 전세로 들어간다고 해도 마음이 불편한 건 마찬가지다. 요즘은 전세 자금도 거의 대출을 받는다. 전세자금 대출은 신용 대출이라 담보 대출보다 이자가 훨씬 비싸다. 그럼 월세는 어떨까?

아파트 매매를 하면서 은행에서 빌리는 대출을 아파트 담보 대출이라고 하는데 당연히 월세보다는 저렴하다. 왜냐하면 아파트를 담보로 대출을 해주기 때문에 은행 입장에선 안전한 대출이라 금리를 저렴하게 해준다.

10년 전만 하더라도 대출 이자는 보통 6%대 내외였다. 2016년 현재, 대출 이자는 보통 2~3%대로 예년보다 매우 저렴하다. 거의 실질 물가 상승분 정도인 셈이다. 세계적으로 금리가 하향 안정화를 그리고 있으며, 향후 상당 기간 이러한 추세는 유지될 것으로 보인다.

2016년 6월 기준으로 한국은행 기준금리는 0.25% 포인트 내려간 1.25%를 기록했다. 우리나라 역대 최저 기준금리다. 그러면 언젠가는 금리가 상승할까? 물론 그럴 수 있다. 하지만 몇십 년 전과 같은 두 자릿수 금리 시대는 오지 않을 것이다. 선진국들의 사례처럼 1인당 국민소득 3만 달러를 눈앞에 둔 시점에서 우리나라는 저성장의 길을 가고 있다. 우리나라 경제는 이제 글로벌 동조화되어 우리나라 혼자만 금리를 올릴 수 있는 상황이 아니다.

집값이 하락하면 어떡하나요? 31

　전셋값 폭등에 2년마다 떠돌이 생활하기가 힘들다 하면서도 막상 집값 하락이 무서워서 집을 못 사겠다고 한다. 실제로 집값은 하락했다. IMF 외환위기와 2008년 금융위기 때다. 매년 3,000만 원씩 상승하던 지역이 IMF 때 3,000만 원 하락했다. 그런데 그다음엔 어떻게 됐을까? 그다음 해 바로 6,000만 원이 올랐다. 3,000만 원 떨어지고 6,000만 원 올랐으니 3,000만 원이 오른 것이다. 장님이 코끼리 다리 만지듯 일부분만 보고 전체를 판단하는 것은 금물이다.

　2008년도 금융위기는 때 상황은 어땠을까? 직접 느낀 경험자로 솔직히 말하면 2013년도까지 집값이 하락했다. 당시 서울 수도권 부동산 경기가 얼마나 좋지 않았냐면, 이사 비용 100만 원, 부동산중개료 등 이것저것 합쳐 200~300만 원 들어가는 것도 무서워서 움직이는 사람이 거의 없었다. 평균보다 1/3 정도로 이사가 줄어들었다. 2억 원짜리 집이 1억 8,000만 원으로 떨어졌다. 그러나 서서히 시세를 회복하더니 그 다음엔 2억 2,000만 원이 됐다. 2,000만 원씩 오르던 동네가 그다음엔 4,000만 원이 올랐다. 결국, 가격 하락과 상승을 비교해보면 결론적으로는 천천히 물가상승분 정도 오른 것이다.

집값이 하락할 것이라는 믿음은 어디에서 왔을까? 자본주의의 속성을 이해하는 사람이라면 인플레이션에 대해 알 것이다. 종이로 만든 돈의 증가 속도가 얼마나 빠른가? 당장 주변의 아파트 가격만 살펴봐도 금방 알 수 있다. 지난 10년간 가격이 하락한 서울 수도권 역세권 아파트가 있을까? 서울 수도권 전철 역세권, 대단지 소형 아파트 중에서 지난 20년간 가격이 하락한 아파트가 있을까? 단언컨대 없다. 그럼 왜 없을까를 생각해봐야 한다.

자본주의 시장경제에서는 수요가 계속 몰리는 물건은 가격이 하락할 수 없다. 더군다나 전철 역세권의 한정된 땅에 세워진 아파트는 희소가치가 있다. 아파트 공급이 계속 많아진다 해도 마찬가지다. 사람들이 선호하는 입지, 즉 수요가 넘치는 지역의 아파트는 항상 부족하다. 아파트라고 모두 다 똑같은 아파트가 아니다. 경기도 외진 곳에 짓는 아파트는 지금도 넘쳐나고 있다. 하지만 사람들이 원하는 서울 한복판의 아파트는 없어서 못 판다. 서울 역세권뿐만 아니라 경기도 역세권에 위치한 아파트마저 적당한 가격에 나오면 바로 완판이다.

부동산은 결국 수요다. 아파트를 짓는 건설사도 수익을 원하는 기업이다. 그러니 신규 아파트를 비싸게 분양한다. 현재 서울 수도권에 새로 지어진 아파트를 원하는 수요가 많다. 적당한 입지에 분양만 하면 사람들은 사려고 든다. 가만히 있어도 달려드는데 내가 건설사 사장이라도 당연히 비싸게 팔 것이다.

2013년 서울 수도권 부동산이 바닥일 때 언론에서는 연일 부정적인 기사를 쏟아냈다. '하우스 푸어', '깡통주택', '아파트값 폭락', '일본의 잃어버린 10년' 등 공포심을 조장하는 헤드라인들이 가득했다. 부동산 재테크 경험이 거의 없는 기자들이 쓴 기사를 언론에서는 자극적으로 계속 보도했다. 매일같이 뉴스, 신문에서 부정적인 기사가 많이 나오니 친구들이 내게 전화해서 걱정할 정도였다.

"집값이 많이 하락하는데 괜찮니? 하우스 푸어 되는 거 아니야?"

걱정해주는 것은 고마웠지만 나는 세입자로 계속 살고 있는 그 친구가 더 걱정스러웠다. 숲을 보지 못하고 나무를 보는 시선은 항상 편협할 수밖에 없다. 눈앞에 닥친 상황만 보려고 하지 말고 시장의 과거, 현재, 미래를 함께 봐야 한다. 그래야 자신의 과거, 현재, 미래가 보인다.

서울 수도권 아파트 가격은 2008년 금융위기 이후 2013년까지 대부분 하락했다. 2016년인 현재까지도 아직 가격을 회복하지 못한 곳도 있다. 하지만 10여 년 전과 비교하면 서울 수도권 역세권 소형 아파트는 대부분 가격이 상승했다. 꼭 알아야 할 것은 내 집 마련은 불과 1~2년 뒤를 바라보고 집을 사는 것이 아니라는 것이다.

나는 서울 수도권에서 40년 넘게 살아왔다. 그리고 2001년부터 아파트를 사서 세를 놓았다. 순수하게 부동산 재테크를 한 기간만 16년이 넘는다. 40채 넘는 집을 소유하는 동안 서울 수도권 부동산 시장을 지켜봤다. 서울 수도권 부동산은 일시적으로 몇 년간 가격이 하락한 경우는 많았다. 하지만 결국은 하락한 금액을 상쇄하고도 남을 만큼 강한 상승이 뒤따라왔다. 경제 어느 곳이나 수요 공급의 논리로 적정 가격이 유지되는 것이다.

집에 대한 자신만의 기준이 확고하다면 가격이 상승한다고 기뻐할 필요도 없고, 하락한다고 슬퍼할 필요도 없다. 등산하면서 산을 오르다 보면 계속 오르막길만 있는 것이 아니다. 중간중간 내리막길도 있지만 결국 산 정상을 향해 오르고 있는 것은 변하지 않는다. 중요한 것은 집값이 상승하든 하락하든 우리 가족이 행복하게 살아갈 수 있는 내 집이 있다는 것이다. 내 집 가격이 조금 하락했다고 이사할 것인가? 반대로 내 집 가격이 조금 상승했다고 바로 팔 것인가?

한 가족이 집을 구하면 특별한 일이 없는 한 그 지역에서 10년 내외를 산다고 한다. 따라서 내 집 마련을 위한 부동산은 장기적인 관점에서 바라보자. 20년 전, 아니 10년 전보다 아파트 가격이 싼 곳은 이제 서울 수도권 역세권에서 찾아볼 수가 없다. 그런 가격의 아파트는 없다. 다만, 많이 상승하고 적게 상승한 차이가 있을 뿐이다. 앞으로도 서울 수도권 내 주요 지역의 역세권은 수요가 몰리는 한 가격 상승 현상이 계속될 것이다.

새 아파트 가격만 오른다는데요? 32

개포동 30년 넘은 낡은 5층짜리 아파트는 왜 10억 원이 넘을까? 그것도 녹물이 줄줄 나오는데. 잠원동에 있는 반포 래미안 퍼스트지는 전용면적 84.93㎡가 15억 원이 넘는다. 아파트 원가를 계산해봤는가? 도대체 무엇으로 만들었는데 그렇게까지 가격이 책정된 것인지 궁금한 적이 없는가?

지금부터 아파트 원가를 계산해보겠다. 전용면적 85㎡(25평)에 들어간 원자재 가격은 시멘트 값, 인테리어 비용, 섀시 등 3.3㎡당 약 400만 원이면 충분하다. 전용면적 25평 × 400만 원 하면, 시멘트비, 철근비, 인테리어비, 인건비 다해서 1억 원이면 된다. 그러면 나머지 14억 원은 뭘까? 땅값일까?

만약 강릉에 래미안 퍼스티지를 지었다고 가정해보자. 가격은 2억 원. 강릉에 짓는 래미안도 시멘트 값, 인테리어 비용 등의 원자재는 반포 래미안과 같을 것이다. 그렇다면 강릉 래미안도 총 원자잿값이 1억 원일 텐데 가격은 하늘과 땅 차이다.

똑같은 래미안끼리 도대체 왜 이렇게 차이가 나는 것일까? 반포는 서울시 서초구이기 때문이다. 최고의 학군에 커뮤니티, 편의시설, 게다가 내가 항상 강조하는 교통까지 모든 것이 갖추어져 있으니 차이가 날 수밖에 없다.

부동산 공부는 엑셀로 작성하고 그래프를 보는 공부가 아니다. 눈에 보이지 않는 사람들의 욕망을 공부해야 한다. 부동산은 심리전이다. 나는 부동산이 심리전이라는 것을 알기까지 10년이 걸렸다. 그럼 그 긴 세월 동안 나는 뭘 하고 다닌 걸까? 부끄러운 고백이지만 시멘트 덩어리만 보고 열심히 수익률만 계산하고 욕심만 좇아다닌 것이다. 그러나 부동산의 핵심은 그것이 아니다. 그나마 10년 만에 그 사실을 깨달아서 다행이다. 안 그랬으면 지금도 엑셀과 시멘트 덩어리만 넋 놓고 보고 있을지도 모른다.

새 아파트만 가격이 오르는 것이 아니다. 낡고 헌 아파트도 가격이 오른다. 시멘트 덩어리보다 그것이 서 있는 땅이 더 중요하기 때문이다. 일반인들이 생각하는 것과 실제 현장의 부동산은 많이 다르다.

흔히 착각하는 것 중 하나가 집이 자동차와 비슷하다고 생각하는 것이다. 과연 그럴까? 새 아파트만 가격이 오른다고 생각하는 사람은 아파트와 자동차의 차이점을 구분하지 못하는 셈이다. 아파트는 자동차와 완전히 다르다. 자동차는 낡으면 가격이 하락하지만, 아파트는 낡아도 가격을 유지할 뿐만 아니라 오히려 오르기도 한다.

자동차를 살 때 차를 세울 주차장이 있어야만 살 수 있다고 법이 바뀐다고 생각해보자. 일본에서는 실제로 이와 같은 '차고지 증명제'를 시행하고 있다. 우리나라도 이렇게 법이 바뀐다면 자동차를 사는 게 비쌀까? 주차장 땅을 매입하는 게 비쌀까? 당연한 이야기지만 입지에 따라 다르다.

예를 들어 차량 한 대당 주차 공간을 30~40㎡(10평) 내외라고 하자. 서울 땅값이 평당 평균 1,700만 원 정도로 보면, 주차장 가격만 1억 7,000만 원이다. 웬만한 자동차 값 3,000만 원보다 주차장 땅값이 5배 넘게 비싸다. 반면 지방이라서 땅값이 싸다면 어떨까? 평당 300만 원인 지방의 주차장 땅값은 3,000만 원 정도일 것이다. 아파트도 이와 같다.

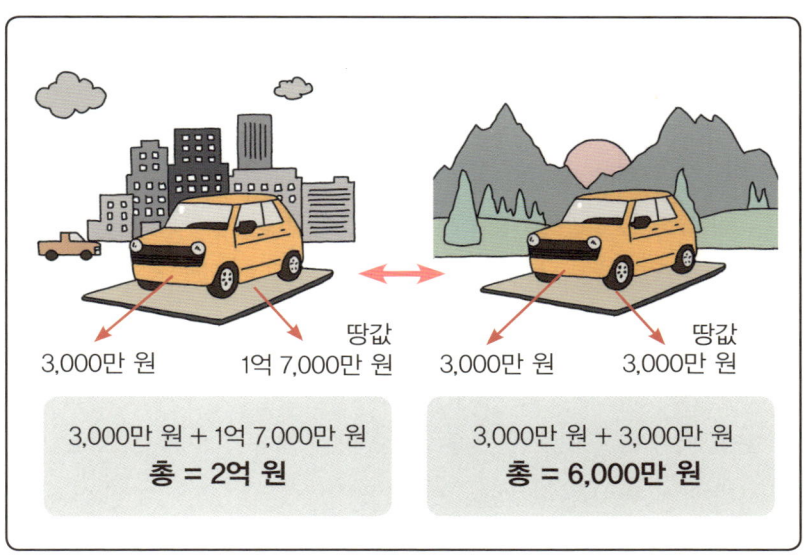

자동차가 3,000만 원이라면, 서울의 자동차와 주차장을 합한 가격은 2억 원이고, 지방의 자동차와 주차장을 합한 가격은 6,000만 원이다. 만약에 자동차와 주차장을 함께 팔 때, 자동차가 얼마나 멋진지에만 관심을 가진다면 어리석은 행동이다. 멋진 자동차 외관과 실내장식을 보는 게 재밌고 신기한 경험이기는 할 것이다. 하지만 자동차 밑에 있는 주차장 땅의 가치를 봐야 한다.

안목이 있는 사람은 자동차는 언제든지 더 좋은 것으로 바꿀 수 있다는 것을 알고 있다. 겉으로 보이는 자동차는 가격에서 중요한 요소가 아니란 것을 알기 때문에 주차장을 본다. 차가 세워져 있는 주차장의 입지를 유심히 파악한다. 그것은 땅의 가치를 보는 것이다. 주차장의 입지가 사람들이 선호하는 지역에 있는지, 진입로는 넓고 편한지 등의 입지를 판단하는 데 관심을 기울여야 한다.

내 집 마련을 하기 위해 아파트를 고를 때도 결국 이와 같다. 아파트를 살 때는 인테리어 된 시멘트 덩어리와 그 밑에 있는 땅을 함께 사는 것이다. 따로 사는 경우는 없다. 우리는 아파트를 고를 때 이 두 가지를 같이 놓고 보지만 둘 중 하나만 고르라고 하면, 이때는 당연히 아파트 밑에 있는 땅을 택할 것이다. 따라서 아파트를 볼 때는 입지의 가치를 살피는 일이 핵심이다.

눈앞에 보이는 인테리어에 현혹되지 말고 아파트가 서 있는 땅을 생각하라. 아파트를 고르는 것은 인테리어 자재가 좋은 것을 고르는 것이 아니라 우리 가족이 생활하기 편리한 입지를 고르는 게 먼저다. 아파트의 입지만 이해해도 부동산 고르는 안목은 급상승할 것이다. 세상에는 눈에 보이는 것보다 보이지 않는 것이 더 중요할 때가 많다. 눈을 뜨고 인테리어만 보지 말고 오히려 눈을 감고 입지의 가치를 보라. 매번 그렇듯이 당신을 유혹하는 것은 당신의 눈일 수 있다.

모든 아파트의 진정한 가치는 입지에서 크게 차이가 난다. 그 가치 차이는 가격에 그대로 반영된다. 인테리어는 언제든지 다시 바꿀 수 있다. 전용면적 85㎡(25평) 기준으로 3,000만 원이면 창호, 욕실, 싱크대까지 최신 모델하우스의 새 아파트처럼 바꿀 수 있다. 또 아파트 건물 시멘트 자체가 낡으면 재건축해서 다시 지으면 그만이다.

그러면 좋은 입지란 무엇일까? 다시 한 번 외쳐보겠다. 전철역과 주요 도로 근처에 위치! 초·중·고등학교, 학원가와 가까운 위치! 마트, 병원, 백화점, 관공서 등 기반 편의시설이 가까운 위치! 즉, 사람들이 생활하기 편한 곳이 입지의 핵심이다.

강남에 있는 좋은 입지의 낡은 아파트와 경기도 외곽에 있는 불편한 입지의 새 아파트가 있다면 둘 중에 어느 곳을 선택해야 할까? 머리로는 당연히 강남을 생각할 것이다. 하지만 매혹적으로 인테리어를 해놓은 모델하우스 현장에 가보면 생각이 달라진다. 디근자 싱크대를 보면서 눈은 벌써 디근자 싱크대와 사랑에 빠져버린다. 드레스 룸 한 칸에 마음이 무너져버린다. 일반인들은 자신이 생활할 곳인 '큰 환경'의 동네보다 당장 내가 누울 '작은 환경'의 아파트를 먼저 생각한다. 이런 말이 있다.

"집은 현관문부터 시작하는 게 아니라 마을 입구부터 시작한다."

우리가 중점적으로 보아야 할 것은 집 안이 아니라 집 밖이다. 먼지 날리는 허허벌판에 새로 지은 화학약품 냄새나는 새 아파트보다 편의시설 잘 갖춘 동네에 있는 낡은 아파트가 나는 더 좋다. 집은 '안'보다도 '밖'이 훨씬 더 중요하다. 좀 과장해서 인테리어가 아름다운 집인데 산업단지, 공장지대 한가운데 있다고 상상해보자. 생각만 해도 벌써 기름 냄새가 나고 숨이 막힌다.

모델하우스에 현혹되지 마라. 백화점처럼 창문 없이 밀폐된 모델하우스 안에는 최신 자재로 꾸며놓고, 밝은 조명 아래 단점 따위는 없는 완벽한 아파트만 있다. 하지만 현실은 허허벌판에 지어지는 아파트가 대부분이다. 반드시 공사 현장을 방문해서 동네 주위를 둘러봐야 한다.

 **전세 보증금은 안전한가요?** 33

집을 사지 못한 사람들은 전세나 월세로 살 집을 구해야 한다. 집은 자기가 사기 싫다고 해서 안 사면 그만인 다른 물건들과는 다르다. 다리 밑에 가서 살 게 아닌 이상 다른 사람의 집을 빌려서라도 살아야 한다. 집은 필수품이다.

보통 매달 들어가는 월세는 부담돼서 전셋집을 많이 구한다. 하지만 집주인들은 저금리의 영향으로 전세보다는 월세를 선호하고 있다. 전세 물건은 이제 찾기도 힘들고 어렵게 찾았다고 해도 가격이 상당히 높다. 심할 때는 전셋값이나 매매 가격이 거기서 거기일 때도 있다. 전세가율이라고 흔히 말하는 매매 가격 대비 전셋값이 수도권 기준으로 80%를 넘는 곳도 많다. 심지어 90%인 곳도 있다.

(전셋값 ÷ 매매가) × 100 = 전세가율(%)

세입자 입장에서는 전셋값이 매매 가격에 거의 근접할수록 불안할 수밖에 없다. 만약 집값이 하락해서 전셋값 이하로 떨어진다면 세입자의 전세 보증금도 보호받기 힘들어질 수 있다. 월세 보증금은 그나마 적은 금액이지만, 전세 보증금은 보통 몇억 원으로 자신의 전 재산인 경우가 많다. 서울 아파트 평균 전셋값이 4억 원을 돌파했다(2016년 3월 기준). 전셋값 상승세는 여전히 가파르다.

한 번쯤 생각해봐야 한다. 내 월세 혹은 전세 보증금은 안전할까? 집주인이 대출이 있고 대출 이자를 제때 안 낸다면 당연히 문제가 생긴다. 또 집주인이 국세, 지방세를 체납했을 경우 집에 문제가 생기면, 세입자 전세 보증금보다 국가에서 먼저 세금을 회수해간다. 국가의 세금 확보가 세입자들의 재산 보호보다 더 중요하다고 보는 것이다. 국가가 세입자 편이라고 생각하면 오산이다. 그리고 더 중요한 문제는 앞에서도 언급했던 인플레이션이다.

2년 전 전세금 2억 원이라는 돈은 지금 2억 원이라는 돈과 숫자만 같을 뿐이지 다른 가치다. 인플레이션 때문에 시간이 흐를수록 돈의 가치가 하락한 것이다. 예를 들면, 2년 전에는 전세금 2억 원을 가지고 3,000만 원 정도의 자동차 일곱 대를 살 수 있었다면, 2년 후에는 인플레이션으로 자동차 다섯 대밖에 못 살 수도 있다. 인플레이션으로 구매력이 하락했기 때문에 이 같은 현상이 일어난 것이다.

2년 전 전세금 2억 원으로 살 수 있는 물건과 2년 후 현재 2억 원으로 살 수 있는 물건은 양과 질부터 다르다. 2억 원이라는 숫자보다 2억 원을 가지고 교환할 수 있는 물건이 더 중요하다. 사람들은 숫자만 같으면 안심한다. 그러나 종이 위의 숫자만 보면 안 된다. 숫자 뒷면의 중요한 가치와 인플레이션이 더 중요하기 때문이다.

우리가 돈을 버는 이유는 무엇인가를 사기 위해서다. 돈은 그 자체로는 쓸모가 없다. 종잇조각일 뿐이다. 힘들게 돈을 버는 이유는 돈을 가지고 원하는 물건과 바꿀 수 있기 때문이다. 돈은 교환을 위해 존재할 뿐이다.

전세 보증금은 인플레이션으로 가치가 점점 하락하는데 물가상승분만큼 하락 곡선을 그릴 것이다. 전세 만기가 되는 2년마다 정확하게 2년 치의 물가상승분만큼 전세 보증금의 가치가 하락하는 것이다. 결국, 전세 보증금은 절대로 안전하지 않다. 리스크를 안고 자신의 전 재산인 전세금을 2년간 맡기는 일은 기회비용을 2년간 날리는 일이다.

가격이 하락하지 않는 집도 있나요? 34

집을 살 때는 '가격이 하락하지 않는 집'을 사는 것이 중요하다. 왜냐하면 집은 한 가족이 살아가는 곳이기도 하지만, 가족에게 가장 큰 자산이기 때문이다. 집을 사고파는 것은 보통 물건을 사고파는 것과 큰 차이가 있다.

우리가 사는 물건들은 대부분 내가 사서, 내가 쓰고 버리는 것이다. 내가 산 물건의 최종 소비자는 바로 나일 경우가 많다. 자신이 구매하는 물건 리스트를 적어보면, 대부분 내가 사서 쓰고 버리는 식료품, 의류 등 생필품이다. 물론 가격이 많이 나가는 자동차나 가전제품, 휴대폰 등 고가 물건은 중고로 팔기도 한다. 중고로 팔 때 가격은 어떨까? 불과 몇 년 지났다고 산 가격의 반의 반도 받기 힘들다.

하지만 집을 팔 때는 일반 물건과 상당히 큰 차이를 보인다. 집은 사서 내가 몇 년 사용하다 팔 때 내가 원래 산 가격보다 더 비싸게 팔 수 있다. 우리가 집을 샀던 가격보다 몇천 만 원 더 비싸게 팔고 심지어 몇 억 원 더 비싸게 팔리는 경우도 흔하다.

그렇게 볼 때 아파트는 정말 신기하다. 나와 우리 가족이 편안하게 쉬고, 행복하게 지내면서 몇 년간 충분히 사용했는데 오히려 가격을 더 올려준다니. 이렇게 우리가 사용하는 물건 중에 산 가격보다 훨씬 더 많이 받으면서 팔 수 있는 물건은 극히 드물다. 이 부분이 내 집 마련하는 사람들이 가장 관심을 가지고 지켜봐야 할 대목이다. 가치를 볼 수 있는 안목만 있다면 당신이 살고 있는 집으로 몇 년 치 연봉을 벌 수도 있다.

"있는 동안 잘 살았으면 됐지, 굳이 가격이 오르지 않아도 돼요."

이렇게 생각하는 사람들도 자신이 산 가격보다 내려가지는 않기를 바랄 것이다. 외형적으로도 집이 튼튼해야 하지만, 재정적인 면에서도 튼튼하고 안정적인 가치 있는 집이 중요하다. 핵심은 어떻게 하면 '가격이 하락하지 않는 집'을 사느냐는 것이다. 앞서 언급한 것처럼 초보자들은 좋은 입지의 아파트를 찾아야 한다.

집을 사기에 좋은 시기는 언제인가요? 35

봄, 가을에는 물건이 많이 나온다. 그때 집을 사는 사람은 초보다. 많이 나오는 만큼 구하려는 사람도 많기 때문이다. 나는 집을 살 때 되도록 비수기를 선택한다. 비수기에는 거래가 드물어 가격 협상에 유리하다. 여름이나 겨울에 집을 보면 집의 문제점을 더 많이 체크할 수 있다. 여름엔 창틀과 벽 사이로 비가 새는지, 겨울에는 베란다의 우수관이 얼지 않는지 꼼꼼하게 볼 수 있다.

비수기에 사면 적어도 500만 원은 싸게 살 수 있다. 비수기라고 모두 다 싸게 내놓는 것은 아니지만, 꼭 팔아야만 하는 급한 사람들이 있다. 이들의 아파트를 기다려야 한다. 계속 부동산 공인중개사와 연락하라. 전화를 자주 해서 부동산 사장을 괴롭히면 사장은 귀찮아서라도 좋은 집이 나오면 연락을 준다.

남들이 움직이지 않을 때가 기회다. 겨울 혹한기 영하 15℃에 임장을 다니고 여름 35℃ 땡볕에 부동산을 돌아다니는 것은 말처럼 쉽지 않다. 하지만 세상에 공짜가 없듯 헛된 노력 또한 없다.

어제와 똑같이 살면서
다른 미래를 기대하는 것은
정신병 초기 증세다.

_알버트 아인슈타인

에필로그

　부동산 현장에 나가면 아파트 건물 자체보다 그 아파트를 이용하는 우리네 이웃들 이야기에 더 관심이 간다. 왜 여기에서 사는지, 장은 어디로 보러 다니는지, 출근은 어디로 하는지, 전철과 버스는 어디에서 타는지, 아이들 학교와 학원은 어디로 보내는지 등 사람마다 지닌 각자의 인생 스토리를 집중해서 보게 된다.
　그러다 보니 당연히 사람이 먼저 보인다. 아파트 단지의 공원으로 나 있는 길을 따라 출퇴근하는 모습, 근처 마트에 장 보러 나가는 유모차 부대, 아파트 단지 내 놀이터에 아이들을 풀어놓고 수다도 같이 푸는 엄마들, 아파트 정문 앞에서 어린이집 버스를 기다리는 할머니, 학교 수업이 끝나면 우르르 손잡고 나오면서 한없이 재잘거리는 아이들. 현장에서 만나는 사람들의 삶이 눈앞에 스쳐 지나갈 때마다 마음에 담아둔다.
　집은 단순한 콘크리트 공간이 아니다. 지친 몸을 쉬게 하고, 맛있는 밥을 먹고, 가족과 도란도란 대화를 나누며, 혼자만의 시간을 가질 수 있는 곳이다. 두 발 쭉 뻗고 잘 수 있는, 언제라도 돌아갈 집이 있다는 건 얼마나 다행스러운 일인가.
　책 한 권을 위해 글을 쓰는 것이 이렇게 힘든 일인 줄 처음 알았다. 집은 단순한 콘크리트 공간이 아니다. 집은 안식처 역할을 하기에 치유와 충전의 공간이다. 세상 풍파 속에서 우리 가족이 '쉼'과 함께 '힘'을 얻을 수 있는 곳.

　지친 몸을 쉬게 하고, 맛있는 밥을 먹고, 가족과 도란도란 대화를 나누며, 혼자만의 시간도 가질 수 있는 곳이다. 두 발 쭉 뻗고 잘 수 있는, 언제라도 돌아올 집이 있다는 건 얼마나 다행스러운 일인가.

　일을 마치고 집으로 돌아갈 때면 '아! 하루가 끝났구나. 얼른 집에 가서 쉬어야지…….'라고 생각한다. 마침 아내에게 전화가 오고 저녁 메뉴로 뭘 할까 묻는다.
　"오늘 하루 힘들었는데…… 제육볶음!"
　"좋아!"
　정말 평범하고 흔한 가족의 일상생활이 소소하게 이루어지는 공간. 그곳엔 집보다 더 소중한 내 가족이 있다. 언제나 곁에서 나를 지지해주는 아내. 이 자리를 빌려 아내에게 사랑과 감사를 전한다. 당신이 있어 나는 더 힘을 낼 수 있다는 말도 함께……. 부동산 카페나 블로그에 생각을 정리하는 차원에서 올린 글들을 대중이 보는 책으로 인쇄한다니 부담스럽기도 했다. 처음 하는 일이라 두려웠다. 마감에 마감이 이어지고, 더 이상 미룰 수 없는 시간까지 온 후에야 이런 생각이 들었다.
　'젊은 분들에게 내 집을 마련하라고 말하면서 도전정신을 가지라고 했는데…….'
　두렵지만 부딪치면 반드시 성장한다고 조언을 해왔으면서도 정작 나는 새로운 도전을 피하고 있었다. 다시 마음먹었다.
　'그래. 도전해보자!'
　왜 이 책을 쓰려고 했는지 초심으로 돌아갔다. 글을 잘 쓴다는 말을 듣기 위해 책을 쓴 것이 아니었다. 내 집을 마련하고자 애쓰는 사람들에게 조금이라도 도움을 주고 싶었다. 매끄러운 글은 아닐지 모르지만, 독자가 읽고 바로 적용할 수 있는 내용을 담으려고 노력했다. 초보자들을 옆에서 격려하고, 같이 손품과 발품을 팔고, 함께 고민하면서 부동산 현장을 뛰어다니는 경험자의 목소리를 되도록 생생하게 넣었다.

이 책 안에는 2001년 처음 아파트를 사면서부터 지금까지 내가 해온 실수가 담겨 있다. 이 책을 읽는 독자들이 나와 같은 실수를 하지 않길 바라는 마음에서 '초보자가 반드시 피해야 할 4가지' 이야기도 따로 넣었다.

누구나 자기 집에서 행복하게 살기를 바라는 마음이 계속해서 글을 쓰게 하는 원동력이 되었다. 자신의 집에서, 정당하게 나라에 세금을 내고 의무를 다하며 권리를 주장하는 세상을 상상했다. 나 또한 시민으로서 잘났든 못났든 최소한 부끄럽지 않은 사람이 되고 싶다. 책임감 있는 사람이 되고 싶다. 가족을 책임지는 일은 자신에게 뿌듯함을 안겨주면서 동시에 삶의 무게까지 느끼게 한다. 세상엔 귀한 일이 많지만, 가족의 울타리를 만들고 지키는 사람이야말로 가치 있는 인생을 살아가고 있다고 믿는다.

에필로그를 쓰면서 나도 앞서간 사람으로서 마음의 부담을 덜었다. 다시 신발 끈을 매고 또 집을 보러 다녀야겠다. 내 집 마련이라는 새로운 세상에 한 걸음씩 도전하는 여러분에게 항상 행운이 함께하길 기도한다.

누구나 자기 집에서 행복하기를 바라는 쏘쿨

스마트폰에 깔아두면 도움이 되는 필수 어플 10

 네이버 부동산
 분양 알리미
 호갱 노노
 아파트 실거래가
 카카오네비(김기사)

 KB 시세
 네이버 지도
 에버노트
 모바일 팩스
 신한 Smail

초보자를 위한 내 집 마련 실천 사항 10

1. 지도와 친구 되기 : 지역 이름 알기, 정보를 모아 나만의 노트로 만들기
2. 임장으로 여행하기 : 모든 전철 타보기, 사진이나 동영상 찍기, 관심 지역 소풍 가기
3. 서울 25개 구, 1기 신도시 다섯 군데 방문하기
4. 주말마다 부동산 세 곳 방문하기
5. 필수 어플 깔기 : 부동산 어플, 지도 어플, 계산기 등
6. 아이스 브레이킹 연습하기 : 모르는 사람 세 명과 하루 3분 동안 대화하기
7. 부동산 면적 공부하기
8. 관심 지역 리스트 만들어 매주 체크하기
9. '시세 지도' 만들기
10. '모아모아 프로젝트' 실행하기

쏘쿨의 수도권
꼬마 아파트 천기누설

초판 1쇄 발행·2016년 11월 14일
초판 28쇄 발행·2024년 11월 15일

지은이·쏘쿨
펴낸이·이종문(李從聞)
펴낸곳·국일증권경제연구소

등 록·제406-2005-000029호
주 소·경기도 파주시 광인사길 121 파주출판문화정보산업단지(문발동)
사무소·서울시 중구 장충단로8가길 2(장충동 1가, 2층)

영업부·Tel 02)2237-4523 | Fax 02)2237-4524
편집부·Tel 02)2253-5291 | Fax 02)2253-5297
평생전화번호·0502-237-9101~3

홈페이지·www.ekugil.com
블 로 그·blog.naver.com/kugilmedia
페이스북·www.facebook.com/kugilmedia
E - mail·kugil@ekugil.com

• 값은 표지 뒷면에 표기되어 있습니다.
• 잘못된 책은 구입하신 서점에서 바꿔드립니다.

ISBN 978-89-5782-112-1(13320)